JN042093

人間の経済と資本の論理

丸山真人 [著]

東京大学出版会

The Human Economy and the Logic of Capital
MARUYAMA Makoto
University of Tokyo Press, 2022
ISBN978-4-13-040308-5

はしがき

　勤勉に働く人間がまっとうに生活できる世の中というものは，幻想でしょうか．日本国憲法第 27 条に「すべて国民は，勤労の権利を有し，義務を負ふ」と書かれています．生活の資を得るために私たちは働く権利を持ち，この権利は誰も侵すことはできません．また，働かずに他人を搾取してえた所得や不労所得で遊び暮らすことは許されません．少なくとも，半世紀前まではそれが庶民の常識でした．庶民にとっては，働いて得たお金の一部を貯蓄して，将来の生活費に充てることが当たり前でした．

　しかし今では，この勤労の権利がいたるところで侵害されています．働いても生活のやりくりできない状況に追い込まれている人，働く場を奪われて生活が困窮している人，福祉社会のセーフティネットの網の目から零れ落ちてしまう人々が目立ちます．他方では，国民が持てる能力や資産を投資に回し，極限まで利用し尽くして，付加価値の生産に貢献させよう，という新資本主義の思想が支配的になり，勤労が国民生活を支えるための義務であるよりは，経済成長の手段として義務化されつつあるようにみえます．

　いったい，どうしてこのような勤労観の転換が起こったのでしょうか．私たちの生活の背後で何が生じているのでしょうか．本書は最初に，この疑問を解明するため，経済学の成り立ちを古代ギリシャまで遡って調べることにし，近代に至って人間の経済が資本の論理によって絡めとられる過程を解明することにしました．次いで，人間の経済が，その基盤にある自然と人間とのあいだの物質代謝過

程から離床し，資本の価値増殖の手段と化していることを明らかにしました．その上で，当たり前の生活世界を取り戻すためには，何が必要なのかという問題を取り上げました．本書では，自然と人間とのあいだの物質代謝過程を地域社会でひとまず完結させることが主要課題であると考えて，この点に絞って結論をまとめました．

　本書の考え方のもとになっているのは，私の恩師である玉野井芳郎先生が 1970 年代に提唱された「広義の経済学」です．当時は，公害問題に代表されるような，経済活動そのものによって人間生活の基盤が破壊される現象が日本の各地で生じていました．玉野井先生は，これを，市場と工業の世界の自己否定的局面と捉えました．従来の経済学が，市場原理の延長上で経済システムの高度化を図り，豊かな社会を描こうとしていたのに対し，玉野井先生は，人間の生活の根底には市場化に馴染まないものが実在しており，それを分析するためには，生命の営みを中心に据えた生命系のパラダイムが必要と考えました．

　生命系とは，生命を自ら維持するシステムであり，廃熱廃物によって直感的に捉えることのできるエントロピーを主体的に処理することができます．しかし，従来の経済学には，一部を例外として，生命系を経済活動の基盤に置く理論はありませんでした．そこで，玉野井先生は，生命系から出発する経済学を「広義の経済学」と呼び，生命系の視点を持たない従来の経済学を「狭義の経済学」と呼んで，両者を区別しました．

　現代社会は市場原理と資本主義に席巻されていますが，それらは，環境破壊や貧困問題に象徴されるように，人間の日々の生活基盤を掘り崩しています．市場と工業の世界の自己否定的局面は 1970 年代に比べて，空間的にも時間的にも広がっていると言えます．とりわけ，2020 年に始まるコロナ禍や本年（2022 年）に勃発したロシア

のウクライナ侵攻により，生命の危機，生活世界の破壊，人間の尊厳の蹂躙など，「人間の安全保障」をめぐる諸問題が世界全体に広がっています．このような状況に直面している現代人にとって，市場システムの分析から出発する「狭義の経済学」の枠組みを超えて，生命を重視する「広義の経済学」の考え方を知る必要が，今日ますます高まっています．

　本書では，「広義の経済学」の考え方に基づき，第 I 部で，市場経済と非市場経済のどちらにも共通にみられる人間の経済の基本的な性質を明らかすることを課題として取り上げました．第 II 部では，市場経済の推進役としての資本の論理構造を解明することを課題として論じました．資本は，自己増殖を続ける価値の運動体ですが，その運動の継続のためには，価値を生む人間の労働を支配することが必要不可欠の条件です．資本による労働の支配は，人間の経済そのものを擬制的に資本化することを含んでおり，私たちがあたかも自分自身を資本の所有者であるかのように思考することを強制します．そして，資本は自己増殖を継続するために人間の経済に無限の成長を押し付けます．その結果，失業や環境破壊に象徴される日常生活への脅威が高まります．本書第 III 部では，資本によってもたらされる人間の安全保障への脅威を取り除くことと，脱資本化された生活世界をどのように再構築するかということを，課題として提示しました．

　本書は，経済学を学び始めた学生の皆さん，経済に関心がある社会人の皆さんを主な読者対象としています．ただし，標準的な経済学の入門書とは異なりますから，そのような内容を期待された方は失望するかもしれません．本書のもとになったのは，東京大学教養学部の初年度学生向けの講義「経済 II」の準備ノートです．私は，定年退職に当たって次のように書きました（東京大学『教養学部報』

第615号，2020年1月所収，「駒場をあとに『変化したことと変わらなかったこと』」から引用）．

　私の恩師である玉野井芳郎先生はよく，「学問は教科書になったらつまらなくなる」とおっしゃっていた．それを真に受けて，私は授業でも演習でもなるべく教科書からは遠いところで問いを立てて学生に接するようにしてきた．このような私にとって駒場の教育研究環境は魅力的だった．かつての近代経済学もマルクス経済学も，市場経済を分析対象としている点では狭義の経済学に属していたが，私は非市場経済を含む広義の経済学に関心があった．

　従来の経済学史は，市場原理をどれだけ深く体系的に説明しているかによって，諸学説の完成度を評価する傾向があった．しかし，その評価過程で削ぎ落とされたもののうちに，広義の経済学につながるものが多々含まれていることに気づき，学生諸君の迷惑も顧みないで，講義の中で紹介するようになった．

　今ほど，経済学の古典の中に残された宝物があると感じられる時代はありません．市場原理のフィルターを取り払って古典に接してみるとき，そこには現代にも通用する生きる知恵が描かれているのを発見することになるでしょう．本書が，皆さんにとって新たな経済を発見する手がかりとなることを願ってやみません．

人間の経済と資本の論理／目次

第 III 部　等身大の生活世界

凡　　例

- 人名の後の（　）内は生没年を表します．
- 紀元前の世紀／年号は前〇〇世紀／年のように表します．
- 引用文中の「……」は引用者による省略部分を示します．また，［＝〇〇］は引用者による補足説明を表します．
- 外国語文献の引用は，翻訳書がある場合は基本的にそれに従いましたが，一部手直ししたところがあります（特に，第 4 章のペティの翻訳）．

第 I 部　人間の経済

　人間は，生きる欲望を満たすために様々なものを必要とします．たとえば，誰でも喉が渇けば飲み物を，空腹を覚えれば食べ物を，快適で安全な生活のために衣服や住居を必要とします．また，知識を得るために学校や図書館を，絵画や音楽を楽しむために美術館やコンサート・ホールを，スポーツを楽しむためにスタジアムやスポーツ・クラブを，遠方に移動するために交通機関を，病気やけがを治すために病院を必要とします．

　これらの財・サービスの多くは，人間が自然に働きかけ，あるいは人間同士が相互に働きかけることによって獲得される物的手段に依存しています．このような物的手段は，特定の地域の内部において自給されることもあれば，他の地域に働きかけて，余剰生産物と引き換えにもたらされることもあります．生きる欲望を満たすための物的手段を確保する営為は，人類が地球上に現れて以来，地域ごと時代ごとに様々に工夫され，進化を遂げながら今日に至っています．

　ところで，このような人類の営みによって年々生み出される生活必需品や便益品を富と捉えて，その大きさを算術的に表現しようとする試みが，17世紀のイギリスにおいてなされました．それ以来，富の生産や分配，富の市場における交換などを分析対象とする経済学が，ヨーロッパにおいて広がりを持つに至りました．揺籃期の経済学は，ヨーロッパ各国ないし各地域の人口と耕作地を富の源泉と捉えて，所与の源泉からどれだけの生産物を獲得することができるのかを解明しようと努めてきました．

　そうした努力とともに，当時勃興しつつあった市場経済を原理的に説明するための理論的体系も追究されるようになりました．こうして，経済学の中心には次第に市場原理，つまり節約原理ないしは最大化原理が位置づけられるようになりました．経済学が体系化さ

れるにつれて，富の生産や分配も市場原理で説明できるとする考え
方が主流となっていきました．しかし，富の概念そのものが物的な
生活必需品や便益品から遊離して，抽象的な剰余価値ないし付加価
値に純化していく過程で，自然と人間とのあいだの物質代謝という
人間の経済における重要な側面が，経済学の分析対象から脱落して
しまいました．

　そこで，本書第 I 部では，人間の経済の定義から出発して，経済
学がなぜ人間の経済の物質的側面から離脱するに至ったのか，その
経緯をたどります．第 1 章では，生きる欲望を満たすための物的手
段を確保する営為そのものと市場原理とは，経済の異なる二方向を
示していて，一方が他方に収斂することはない，というカール・メ
ンガーの言説を取り上げて，それが主流派の経済学には受け入れら
れず，むしろカール・ポランニーの経済人類学によって支持された
ことを明らかにします．第 2 章では，経済学が成立する以前に存在
した古代ギリシアの家政術の伝統が，生きる欲望を満たすための物
的手段を確保する営為を対象としていたことを明らかにします．第
3 章では，18 世紀スコットランドの対照的な二人の経済学者ジェー
ムズ・スチュアートとアダム・スミスを比較することで，近代の経
済学が人間の経済の中心部分に市場原理を位置づける過程で，経済
分析の世界から伝統的な家政術を追放してしまったことを明らかに
します．最後に，第 4 章では，経済学の展開過程で生じた，富の源
泉をめぐる論争を取り上げ，土地から労働へと源泉の重心が移行す
るのに伴って，富の概念が生活必需品や便益品といった物的なもの
から，貨幣で測った剰余価値ないし付加価値へと変質したこと，そ
の結果，自然と人間とのあいだの物質代謝が経済分析の対象から捨
象されてしまったことを明らかにします．

第1章　経済の二つの意味
──内在する共約不可能性

　生きる欲望を満たすための物的手段を確保する営為は，市場経済
以外でも，たとえば未開経済や封建経済でも行われてきました．経
済学にはアダム・スミス以来，非市場経済の富の生産・分配・交換
行為についても，市場原理を一般的に適用できると考える傾向があ
ります．しかし20世紀になって，経済学者カール・メンガーおよ
び経済人類学者カール・ポランニーによって，この傾向に疑問が投
げかけられることになりました．

1.　メンガー初期における人間の経済の定義

　カール・メンガー（1840-1921）は人間の経済の理論的で厳密な
説明を試みた経済学者の一人であり，ウィリアム・スタンリー・ジ
ェボンズやレオン・ワルラスと並んで，のちの新古典派経済学に大
きな影響を与えました．メンガーは，1871年に『国民経済学原理』
（以下『原理』と略す）を著しています．

　彼は『原理』の中で，ある物が財になるためには四つの条件が必
要であるとしています．その四つとは，まず（ⅰ）人間の欲望が存
在すること，そして，（ⅱ）この欲望を満足させる因果連関の中に

その物を置くことが可能であること, さらに, (iii) 人間がこの因
果連関を認識すること, 最後に, (iv) その物を欲望の満足のため
に実際用いるように, その物を支配すること, と述べています (メ
ンガー 1999, pp.4–5). ここで因果連関というのは, たとえば, 食欲
を満たすためにパンを必要としますが, パンを作るためには小麦粉
やパン酵母や水や労働が必要となり, さらに, 小麦粉を得るために
は小麦とひき臼と労働が必要となる, というような諸財の関係を意
味します.

　そして, メンガーは財の因果連関を分析するために, 最終消費財
からの距離にしたがって, 財の間に序列を設定します. すなわち,
欲望を直接満足させる消費財を第一次財とし, それをつくり出すの
に必要な財を第二次財, 第二次財をつくり出すために必要な財を第
三次財, 以降, 必要に応じて, 第四次財というように高順位の財を
想定します (同上書, pp.9–11). 第二次財以降の高次財はすべて消
費財を得るための生産財になります. たとえば, 先ほどのパンの例
に戻ると, 第一次財としてのパンを生産するために, 第二次財の小
麦粉とパン酵母, 空気と水, パン焼き窯, 労働などが必要です. ま
た, 小麦粉を作るために, 第三次財の小麦, ひき臼, 水車や風車,
労働などが必要になります.

　メンガーは, 第一次財を生産するために, 第二次財を必要十分な
だけ支配することが重要だと考え, これを一般化して, 低次財を生
産するために高次財を必要十分なだけ支配することが重要だと述べ
ています. ここで注意することが二点あります. 一つは, 労働のよ
うに, つねに高次財として現れるものがあることです. しかも労働
は, 最も高次な財のなかにも必ず含まれるという性質があります.
もう一つは, 太陽光や空気のようにそれを獲得しようと努力しなく
ても自由に支配できる, いわゆる自由財が存在するということです.

　さて，同じ序列にある諸財は，下位の財を生産するために相互に補完し合っています．したがって，互いに補完財として機能します．補完財が一つでも欠けると下位の財は生産できません．極端な例ですが，仮に，小麦粉がパン以外の財の生産に役立たず，しかもパン酵母が入手できないような場合には，財の因果連関は成り立たず，小麦粉は財としての性質を失います．メンガーは，1862 年にアメリカからの綿花の仕入れが南北戦争のために途絶えた時，ヨーロッパでは，綿花を補完財とした他の多くの生産財が，財としての性質を失ったことを，実際に生じた事例として取り上げています（同上書，p. 15）．

　メンガーは以上のことを踏まえた上で，財の因果連関に関する分析をさらに展開していきます．一般に，人間がある財を必要としていて，その財の支配可能な数量がその財の必要量より小さい場合（つまり，供給が需要より小さい場合），このような財を経済財と呼びます．人間は，経済財を用いて自分の欲望を可能な限り完全に満足させるために，以下のような努力を行います．第一に，上記のような数量関係にある財のどの部分量をも自分の支配下に保ち続ける（＝与えられた可能性の限度内で手段を獲得する），第二に，この部分量の有用な属性を保ち続ける（＝獲得した手段の劣化を防ぐ），第三に，問題となる財の支配可能量をもって満足させようとする比較的重要な欲望と，満足させるのを断念して不満足のままに残そうとする欲望とを選別する（＝目的に順位をつけ，稀少な手段では満足させられない下位の目的を断念する），そして第四に，上のような数量関係にある財の与えられた各部分量を合目的的に使用して可能な限り最大の成果をおさめる（＝最大化する）か，あるいは，可能な限り最小の数量をもって一定の成果を収める（＝節約化する），という努力です．メンガーは『原理』において，これらの行為の総体を人間の経済と

呼びました（同上書，pp. 45-47）．

2.　メンガーの晩年における人間の経済の定義

　ところで，『原理』を出版してからのメンガーは，人間の経済は最大化／節約原理だけで説明できない別の側面も持っていると考えるようになりました．なぜなら，ある時点で財の供給が需要を満たすことができない場合でも，その財を生産するための高次財が入手可能なら，生産活動が行われることが明らかだからです．彼の没後に息子によって編集された『一般理論経済学』（『原理』を増補した遺稿版として 1923 年に刊行．以下『一般』と略す）では，次のように議論を展開します．

　『一般』は，『原理』と同じ前提から出発します．すなわち，人間の支配可能な一次財の数量が，人間の欲望を満たすのに不十分である状態を想定します．このとき，人間は支配可能な二次財をはじめとする高次財の生産手段に頼る以外にないので，もしそのような生産手段が与えられた場合，不足する一次財への需要を満たすべく生産手段に目標と方向を与えるような，配分的な活動の必要性が生じると，メンガーは言います（メンガー 1982，p. 121）．ここで配分的活動というのは，高次財を必要とする低次財の生産現場に向かって，その高次財を配分する行為のことを意味します．低次財そのものは欲望に対して不足しているのに，高次財のほうは，不足する低次財を生産するに足るだけ十分に与えられ，しかもそれらを組み合わせる技術が与えられているならば，人間は一次財の生産に向かうだろう，とメンガーは考えたわけです．

　メンガーは，人間の営為のこの方向を，「技術 - 経済的な方向」ないし第一の方向と名づけます．例えば，ある一定期間の人間の食

欲を満たすパンは足りないが，その期間に間に合わせるだけのパンを生産するための手段が十分そろっている場合，人間はパンの生産に取りかかることになります．

　次いでメンガーは，人間が支配可能な財そのものの不足から導かれる配分的活動を，経済の「節約化の方向」ないし第二の方向と名づけます（同上書，p.124）．これは，『原理』で説明された最大化／節約原理と同じものです．さしあたり，一次財の不足を，「技術－経済的な方向」を無視して一般化すれば，「節約化の方向」は，人間の支配可能な一次財を喪失や損傷から守ろうとする努力，できるだけ少ない一次財で欲望を満足させようとする努力，欲望行為のうち重要度の落ちるものを後にして，まず重要な満足行為を確保するために一次財を役立てようとする努力，などを含んでいます（同上書，p.125）．

　要するに，消費財であれ，生産財であれ，それらが欲望を充足するために不十分である時には，それらによって満たせない欲望を充足するために，より高次の財を用いて，不足する低次財を生産することになる，というのが「技術－経済的な方向」です．これにたいして，手元にある財がすでに不足しているか，これから不足が見込まれる時には，さしあたりその財をできるだけやりくりして，より多くの欲望を満たそうとする，というのが「節約化の方向」です（図1-1を参照）．

　メンガーは，「技術－経済的な方向」と「節約化の方向」の関係について，次のように説明しています．「この二方向は，現実の経済においては通常，いや，ほとんど例外なしに結びついて出現するものの，本質的に異なった，互いに独立の原因から発生するものだ」（同上書，p.126）．そしてさらに，「経済的活動の個々の部門をとってみればそれらは独立の現象となってあらわれるのであり，ま

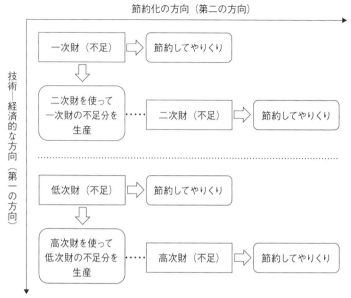

【図1-1】　経済の二方向
出所）筆者作成.

た，もっぱら一方のみが現れるような経済も特定の場合には十分想
定可能」であるとも言っています．その上で，メンガーは，「人間
の経済の技術的な方向は，節約化の方向を，必然的な前提とするわ
けでもないし，その方向と必然的に結合しているわけでもない」し，
「人間経済の両方向は互いに一方が他方の条件となるものではない
——どちらも人間経済の基本的方向である」(同上書，p.127) こと
を強調します．

　さて，一般に，新古典派の市場経済モデルにおいては，人間の欲
望を充足する消費財は市場で調達されることが前提とされています．
また消費財の生産に必要な生産財も市場を通して取引されます．市
場で取引される財はすべて経済財ですから，それらは稀少であるこ

とが前提とされています．したがって，新古典派に従えば，人間の経済に市場モデルを適用する場合は，メンガーの「節約化の方向」のみですべて説明できることになり，「技術 − 経済的な方向」は不要な分析ツールとされてしまいます．そこで新古典派の経済学者は，メンガーの『原理』で説明された四つの努力こそが，まさに市場モデルで一般化された「節約化の方向」を示しているのだから，『原理』を改訂して『一般』のように余計な説明を付け加えることはないとして，経済の二つの方向性に関するメンガーの晩年の問題提起を完全に無視しました．

　1932 年に『経済学の本質と意義』を著したライオネル・ロビンズは，メンガーの『原理』の考え方を一般化して，次のように経済学を定義します．すなわち，「代替的用途を持つ稀少な手段と，目的との間にある関係性としての人間行動を研究する科学である」（ロビンズ 2016, p.17）と．その後，新古典派経済学では，経済学の研究対象を人間の欲望の物質的充足からより広範な分野に拡張することを企図しました．したがって，価格システムに代表される市場原理も単に物的財の取引を超えて，稀少性の支配するあらゆる場面に適用可能とみなされるようになりました．このようにして稀少性と節約原理が一体化し，経済学は選択と節約の学問であるという認識が広まりました．

3. 実体＝実在としての経済

　経済が二つの異なった方向から成り立っているというメンガーの晩年の主張を斥ける新古典派に対して，カール・ポランニー（1886 − 1964）は異議申し立てをします．ポランニーは経済の二方向に関して晩年のメンガーが残した業績に触発されて，次のように考えま

す. 私たちが普段使っている「エコノミック (economic)」という言葉には二つの互いに相いれない独立の意味がある. すなわち, 形式的 (formal) な意味と, 実体＝実在的 (substantive) な意味との両方が含まれている, と. 形式的意味とは, 欲望を充足する手段が不足するときにそれを節約することを指示するもので, メンガーの「節約化の方向」に該当します. 他方, 実体＝実在的意味とは, 欲望を充足する物的手段を生産することを指示し, メンガーの「技術－経済的な方向」に該当します[1].

たとえば, エコノミック・ヒストリー (economic history, 経済史) という場合も, 単に市場経済の発達史を意味するのではなく, 人々が生命を維持するために生活必需品を獲得する方法や制度の歴史を含んでいます. また, 未開社会のエコノミック・ライフ (economic life, 経済生活) は形式的な意味を適用できる部分が少なく, 実体＝実在的な意味でしか理解できない部分が多くあります. そこで, ポランニーは, どのような時代においてもどのような地域においても現れる経済を分析するためには, 経済の実体＝実在的側面に着目しなければならないと考えます.

さて, 人間は欲望を満たす物的手段を得るために自然に働きかけますが, 自然はその働きかけを拒むこともあり, 受け入れることもあります. その結果, 人間は自分たちを生きた自然の一部と位置づけ, 自然の営みを模倣して農耕文化を築いてきました. しばしば, 農業は地力を収奪し自然破壊をもたらすとして批判されますが, このような批判は農業の一側面しか見ていません. 中世のヨーロッパでは, 二圃制から三圃制へと輪作システムが展開していきました.

---

1) ポランニー (1980a, pp.58-87). 第 2 章「『経済的』という言葉の二つの意味」を参照.

こうした輪作制度は，限られた土地の連作障害を避けるとともに，畜糞を肥料として土づくりを推進するものでした．そして，村人の間で耕作地の定期的な割り替えが行われ，耕作地の周囲には村人に開放された共同地（コモンズ，commons）が展開していました．熱帯雨林地帯の焼畑農業の場合でも，プランテーションにありがちな森林破壊的な商品作物の栽培と異なり，森林の再生期間に合わせた伝統的な焼畑耕作が存在しています．

　ポランニーは，自然と人間との相互依存関係が持続するように制度化されるとき，そこには何らかの統合形態が現れると考えました．

　　統合が経済過程のなかにあらわれるのは，空間，時間，および占有上の差異の影響を克服する財と人の移動が，その移動の中で相互依存を生むように制度化される度合いに応じてである．たとえば領域内の地域差，種まきと収穫のあいだの時間の幅，または労働の特殊化が克服されるのは，農作物，製品，労働の各自の移動——それが分配をより効果的にする——のすべてによってである．統合形態はこうして，経済過程の諸要素，すなわち物的資源および労働から財の輸送，貯蔵，そして分配までを統合するような，制度化された移動を示している（ポランニー 1980a，pp.88-89）．

　ここでポランニーは，経済の統合形態として具体的に，互酬，再分配，交換の三つのパターンがあるとしています．

　　互酬は，統合の一形態として，財，サービスの動き（あるいはそれらの配置）を，対称的な配列の呼応する点の間に描きだす．再分配は，対象物が物理的に移動しようと，配置のみが推移し

ようと，中央に向かう動きと，そこからふたたび外に向かう動きとを示す．交換は，これと類似の意味ではあるが，こんどはシステム内の分散した，あるいは任意の二点間の動きを示す（同上書，pp. 89-90）．

　たとえば，隣接する農家同士，あるいは，職人同士，商人同士のあいだで行われる贈答や，仕事を手伝い合う「手間換え」「結」「合力」などは互酬に当たります．また，コミュニティの首長が様々な方法で調達した食糧を，港湾や道路の整備，神殿や公会堂の建設など公共事業へ労力を提供した人々への報酬として分配することなどは再分配に当たります．さらに，市場での商品売買，労働力の売買などは交換に該当します．

　ここで，注目しておきたいのは，各統合形態とそれに対応する社会のパターンの相互関係です．互酬の場合には，対等に配置された家や集団の間で財とサービスが移動します．すなわち，互酬は対称性によって特徴づけられる社会構造によって支えられています．再分配では，社会の中央に位置する主体と下位の主体との間で財とサービスが移動します．すなわち，再分配は中心性によって特徴づけられる社会構造によって支えられています．交換の場合は，市場に集まる自由な商品所有者の間で財とサービスが移動します．すなわち，交換は市場によって特徴づけられる社会構造によって支えられています（同上書，pp. 93-99．なお，図1-2を参照のこと）．

　私たちにとって馴染み深い狭義の経済学（＝市場経済を分析対象とする経済学）は，この三つのパターンのうち交換のケースを分析対象としています．互酬や再分配を分析するためには別のツールが必要となりますが，ポランニーはその手掛かりをアリストテレスに求めています．

互酬	再分配	交換

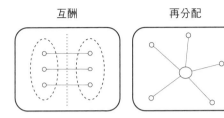

【図 1 - 2】　統合形態の三つのパターン

出所）筆者作成.

　アリストテレスはその『政治学』において，人間の暮らしはそれ自体としては稀少性の問題を引き起こすものではない，ということから始めている．……アリストテレスは，家（household）あるいは国家における真の富とは，蓄積が可能で保存のきく生活必需品のことである，と書いた．……家においては，それは生活の手段である．ポリスにおいては，それは良き生活のための手段である．それゆえに，人間の欲求と必要は，……無限ではない．……経済は……家とか他のポリスのような「自然的」単位などの制度を構成する人間同士の関係にかかわるものである．したがってアリストテレスの経済の概念は，生活必需物資が確保されるような，ひとつの制度化された過程を意味しているのである（同上書，pp.78-80）.

4.　まとめ

　新古典派の経済学に大きな影響を与えたメンガーは晩年，人間の経済には財の節約に向かう方向と，生産手段に目標を与える技術－経済的な方向という二つの独立した方向があるということ明らかにしようとしましたが，新古典派の経済学者たちは前者を最大化／節

約原理として精緻化する一方，後者を完全に無視しました.

　経済人類学者ポランニーは，ただ一人，メンガーの技術 − 経済的方向の独自の意味を認め，それを実体＝実在的な意味での経済を表すものだと考えました. そして，人間の生活に必要な物資を提供する土地，およびそれらの物資を調達する労働に着目し，技術 − 経済的方向での人間の営みが「財の結合」として捉えられること，そしてこの「財の結合」には互酬，再分配，交換という三つの統合パターンが認められるということを明らかにしました.

　この三つのパターンの内，交換だけが狭義の経済学の分析対象になっています. ポランニーは残る互酬と再分配を含めた三つのパターンを分析するための手がかりをアリストテレスに求めました. 次章では，このアリストテレスの経済概念がどのような社会背景のもとで形成されたのか，その特徴はどのようなものだったのかについて，詳しく見ていくことにします.

第2章　オイコノミア
──エコノミーは家政術から始まった

　狩猟採集あるいは遊牧によって生業を営んでいる社会では，部族や親族などの血縁集団が社会の基本単位となっています．このような社会では，財やサービスの互酬ないし再分配によって社会の構成員の欲望が満たされます．これに対して，定住農耕社会のように，自給を原則とする家族集団が近隣の家族集団と共に地域共同体を構成している社会では，生業の場としての家が生活の中心を占め，家長の下で行われる再分配によって家の構成員の欲望が充足されることになります．

　家々の間の互酬は家の自立を補完する限りで残存することになります．地域共同体は，個々の家の日常的な欲望を超える，集団としての欲望，例えば礼拝所であるとか劇場などを建設するために，住民の労働奉仕を求め，報酬として食糧または何らかの価値物を与えます．ここでは地域共同体レベルで再分配のパターンがみられます．さらに，地域共同体の間では，それぞれの共同体内部で自給できないものの取引が行われます．このような地域間の取引は，地域同士の関係がどうあるかによって，互酬的な交易になったり，再分配的な交易になったり，商品交換的な交易になったりします．

　古代ギリシアでは，このような家を中心とした経済を運営してい

く技術としての家政術が発達しました．そこで，本章では，英語の
エコノミーの語源にもなっている家政術について，詳しく見ていく
ことにします．

1．命の糧

　古代ギリシアでは，人々は生産と消費が一体となった家（＝オイ
コス，oikos）を生活の場としていました．そこには血縁で結ばれた
家族だけではなく，使用人や家内奴隷が一緒に生活していました．
また畑などの土地も財産としてオイコスに属していました．そして，
このような家を管理する術としての家政術（＝オイコノミア，oikono-
mia またはオイコノミコス，oikonomikos）が哲学者たちによって展開
されました．その影響は中世ヨーロッパにまで及びます．とくにド
イツ語圏では，オイコスは「全き家（das ganze Haus）」と呼ばれて，
小農民の屋敷から貴族の邸宅までも含めた一般的な概念として捉え
られていました．家政術も「エコノミーク（Ökonomik）」と呼ばれ
て「全き家」を管理する知識として普及していました．

　さて，紀元前 14 世紀頃のギリシアでは，青銅器時代後期に属す
るミケーネ文明が栄えていました．その頃のギリシアでは，家畜を
飼ったり麦を栽培したりする自給農業とともに，貴金属や工芸品，
木材などの林産物，ワイン，オリーブ油などの農産物をエーゲ海や
地中海での交易を通して取引していました．前 13 世紀から前 12 世
紀にかけて，「海の民」（異民族の混成集団で正体不明）の大規模な侵
略を受け，都市や農村が破壊され，交易ネットワークが断ち切られ
て，ミケーネ文明が崩壊した後，ギリシアには北方からドーリア人
が南下して，ペロポネソス半島の大部分が征服されました．ちなみ
に彼らによって鉄器がもたらされました．ドーリア人の侵略をまぬ

かれたアッティカ地方は，いち早く海洋交易を復活させました[1].

　前 9〜前 8 世紀頃のギリシア農村部では，鉄製農具を利用して定住有畜農業が行われていました．ヘシオドスの『仕事と日』には，前 7 世紀頃の農民が果たさなければならなかった課題が記されています．ヘシオドスの父は小アジアで貿易に従事していましたが，事業に失敗して後，ボイオティア地方の寒村に移住して農業を営んだことになっています（ヘーシオドス 1986, p. 179）．『仕事と日』は，父の遺産相続でトラブルになった弟ペルセウスに対して，浪費の戒めと節約の奨励，労働の重要性，富としての農作物の貯蔵方法，隣人との付き合い方，妻の選び方，奴隷や家畜の選別方法，農事暦，航海暦などを語りかける形で詩が展開されています．

　ちなみに，ヘシオドスは『仕事と日』の最初の部分で，父の遺産のより多くを自分のものにするために，有力者に取り入って訴訟を有利に進める弟に対して，そのようなことをしていては命の糧を豊かに保つことはできない，と諫めます．そして，「これももとはといえば，神々が人間の命の糧を隠しておられるからじゃ」（同上書，p. 16）と説明します．遺産を食いつぶすのは簡単だが，それを命の糧を生み出すストックとして維持するのは容易ではないことを，神話に託して諭しています．

　ポランニーは『人間の経済』のはしがきの直前で，このヘシオドスの文言を引用しています．ポランニーは，ヘシオドスの時代には，富の源泉を土地と労働に求めるより市場取引に求める傾向が強くなったとみなします．なぜなら彼は，部族社会の衰退にともなって，市場に依存する個人が増えたから，と考えたからです．「全体を通

　1）　古代ギリシアの農業，交易，商品生産，オイコスでの労働・生活などについては，岩片（1988），Harris, Lewis, and Woolmer（2018）を参照した．

して見れば,『仕事と日』は,孤立した個人——部族社会では哀れ
なはみ出し者でしかなかった者——の誕生を伝える記録である」と
彼は言います（ポランニー 1980b, p. 266）[2]．なお,この場合の個人と
は,オイコスの主人のことを意味します.

2.　市場と穀物交易

　さて,ヘシオドスの父のように,商業に携わっていた人々が,農
村部に移住したり荒蕪地（こうぶち）を開墾したりして,自由な土地持ち農耕民
になる事例が示唆しているように,自由な農民たちは,オイコス単
位で,麦（主としてオオムギ）,ブドウ,オリーブの栽培,羊や牛の
飼育を行いました．また,ワインやオリーブ油を作り,羊毛を梳い
て毛織物を織るなどの作業も行いました．こうした労働は主として
家内奴隷に行わせましたが,オイコスの主人やその妻も機織りなど
作業に従事することがありました．このようなオイコスの生産物は
自家消費分を除いて余剰生産物として販売する機会もありました.
なかには,販売目的で特定の生産物（たとえばワインや織物）に特化
しようとする農家もありましたが,必ずしも財産の蓄積に成功する
とは限りませんでした．蓄財によって富んだ農民のかたわらで,負
債を抱える貧しい自由民が存在しました．こうして,自由民のあい
だには貧富の差が生じました.

　前5世紀当時,アテネの貧しい市民の生活を救済するにあたって,
貴族派指導者キモンと民主派指導者ペリクレスのとった手法は対照

　2）　なお,ポランニーの著書『人間の経済』の原題は, *The Livelihood of
　Man* です．Livelihood は「命の糧（bios）」を英訳したものです．また,こ
　の著作を翻訳した玉野井は, "Livelihood" を「経済」と訳しました（ポラ
　ンニー 1980a「『人間の経済』日本語版の編集にあたって」pp. 4-6）.

的でした[3].キモンは規模の大きくなりすぎた自身のオイコスを富の源泉としていました.ポランニーによると,彼は「やむをえず市場で食糧を買わねばならぬ生まれの良い貧民の救済にやってきて,……自分の農地から垣を取り払って,その収穫物をよそ者にも貧窮な市民にも遠慮なく取らせた.また彼は,自分の家では毎日質素ながら大勢の人に間に合うだけの食事を作って,どんな貧しい人でも,望むならば入ってきて,労せずに食事をとらせ,もっぱら公共的な仕事につくようにした」ということです(ポランニー 1980b, p.297).要するに,キモンは「富者の大きくなりすぎたオイコスを通じての再分配」を代表しています(同上書,p.300).

これに対し,ペリクレスは,市民たちの軍事的,行政的,司法的奉仕に対して国家が現金を支払うことによって,倉庫に何の蓄えもない小規模なオイコスを経営する市民を,次第に市場での食糧その他の必需品の購買に依存するように仕向けました.もともと市民の生活を支えるだけの穀物を自給できないアテネにとって,食糧輸入は国家的な大事業でした.前6世紀のソロンの穀物輸出禁止令にさかのぼると,「可能なかぎりの量の穀物をアテネに引き寄せ,アテネから穀物が流出するのを防ぐため……アテネの住民はアテネ以外のどこにも穀物を輸送することを許され」ませんでした(同上書,p.365).前5世紀にはアテネ海軍の制海権に支えられて,アテネは交易ルート上の諸都市(ボスポロス王国)を支配下において単独で交易を管理していました.輸入先はトラキアと黒海地域でした.

このような国際関係のもとで,国家は輸入必需品を公的監視のも

---

3) ペリクレスとキモンの比較は,ポランニー『人間の経済』II(ポランニー 1980b)第12章2「アゴラとギリシア人の方法」,および,アリストテレス『アテナイ人の国制』(アリストテレス 1980)第27章「ペリクレスとキモン.陪審者手当の創始」を参照.

とに置き，それを市民の間に再分配することが必須でした．したがって，小麦の供給は需要に見合うだけの水準に保たれていることが重要です．供給がこの水準を割り込むと小麦の輸入価格は高騰します．しかしそれではポリスの市民が生活に困窮しますので，国家はアゴラ市場に介入して小麦価格を引き下げました．実質的には，市当局が日常的に小麦を備蓄し，供給不足が顕著となった時に放出してアゴラ市場に提供したのです．ペリクレスはこのようにして市民への食糧再分配制度としてアゴラを位置づけました（同上書，p. 299）．市場では貨幣による商品交換が行われており，市場交易のパターンが現れていましたが，購買力としての貨幣も，場所としての市場も，国レベルの再分配システムの中に埋め込まれていました．

　ペロポネソス戦争（前431年～前404年）後の前4世紀になると，アテネはかつての交易独占力を回復させることができず，ボスポロスの支配者と商業条約を結び，首長交易者たるボスポロス諸王の蓄積した穀物を，この条約を通して確保したのでした（同上書，pp. 381-384）．

　ソクラテスの弟子クセノフォン（またはクセノポン，Xenophon，前427?～前355?）は『方法と手段』（「政府の財源」）の中で，居留外国人と外国人交易者をより多くアテネの交易港ピレウスに引き寄せることを提案しています（クセノポン 2000，p. 112 およびポランニー 1980b，p. 349）．クセノフォンは「彼らのうちに最善の収入の源がある」として，彼らのもたらす多種多様な財貨から直接に得られる利益，そして彼らの支払う輸出入税，港湾税などの収入から間接的な利益を得ることを強調し，実際この提案通りになったのでした（クセノポン 2000，pp. 112-113 およびポランニー 1980b，pp. 350-353）．

　その後，前336年に即位したアレクサンダー大王（前356～前323）は，東方遠征を開始して黒海トラキア地方からの穀物を軍隊

の使用に転用しました（ポランニー 1980b, p.434）．その結果，アテネは，エジプトから穀物を輸入することになりました．アレクサンダーはエジプトの海岸に穀物交易の拠点アレクサンドリアを建設します．エジプト地方総督クレオメネスは，ロドス島を穀物取引の中心地として，ロドス島に全ギリシア都市の最新の価格情報を集約しました．穀物は，最高値を示す都市に向けてロドスから船で輸送されるか，ロドスで売却されました（同上書，p.435）．このように，アテネの穀物交易は価格決定市場を制度的支えとしましたが，都市国家内部には，価格決定市場は浸透しませんでした．

3. 家と家政術

　以上のような，国レベルでの穀物交易を必要不可欠の前提としたうえで，アテネ国内では家々の自給を原則とする家政術が展開されました．

　前節で，居留外国人と外国人交易者のもたらす財貨から直接間接に利益を引き出そうと提案したクセノフォンの所説を紹介しましたが，その同じクセノフォンは『オイコノミコス』を著していて，その中で家政の基本を説明しています．まず，家を豊かにするための財産の整理から始めて，妻の役割（蜂の巣の中の女王蜂の役割と類比）を強調します．妻に関してクセノフォンは，ソクラテスに対して家政の詳細を説明するイスコマコスが自分の妻に向かって語った言葉として，「何より嬉しい事は，お前が僕を越え，僕がお前の従者になることなのだ．しかも……年をとればとるほど，僕や子供達と，より強い絆で結ばれ，家のすぐれた守護者になる，それによって，ますます家の中で尊敬されるだろうと思ってくれれば，これに勝る喜びはない」と書いています（クセノフォン 2010, p.68）．経済活動

の場としての家を管理する主役として女性を位置づけたことは注目に値します.

　また,農業について,「農耕は我々に,最も豊かなめぐみをあたえるけれども,それらを容易には与えないで,我々が冬の寒さや,夏の暑さに,辛抱強く耐えるようにしむける」と書いています.そして,農耕技術,耕作監督,種蒔き,草刈,刈り入れ,脱穀,ブドウ・イチジク・オリーブなどの果樹栽培,作業効率,土地の購入と販売について具体的な叙述が続きます.

　その後,アリストテレス(前384〜前322)によって家政術はある程度体系化されました.アリストテレスは『政治学』の中で,「日々の生活のために自然にもとづいて構成された共同体が家」であるとする一方,「複数の家からなる,日々の生活に限定されない必要のための共同体は,最初の段階として村となる」と言っています(アリストテレス 2018a, p.21).そしてさらに,「複数の村からなる,言うなればあらゆる自足の要件を極限まで充たした完全な共同体が,国家(ポリス)である」と言います.そのうえで,「ポリスを構成する部分が明らかになった以上,最初に家政について述べなければならない.というのも,すべてのポリスは家々から成り立っているからである」(同上書, p.26)として,国家の経済を分析する上で家政から出発する必要を説きます.

　ここで,家政についての具体的叙述がなされている伝アリストテレスの『家政論(オイコノミア)』を見ておくことにしましょう.この書は,クセノフォンと同じく農業を重視することから始めています.ただし,クセノフォンはオイコスの営みを自らの経験に即して具体的に述べているのに対して,『家政論』はそれをより一般化して理念的に述べています.

　まず,農業は正義にかなっているから最上のものであるとし,商

売や賃仕事，戦争のように人々から搾取することがないといいます（アリストテレス 2018b, p. 462）．そして，すべての生き物にとって食べ物は母親から与えられるのが自然本来であるように，人間も大地から与えられるといい，農業の営みは自然にかなっていることを述べます．その上で，農業のメリットとして，それが勇気の形成に大いに役立つものであり，手細工仕事のように身体を役立たないものにすることはなく，野外で暮らし，激しい労働に耐えられるようにすると言います．

　なお，妻の役割についてはクセノフォンと異なった視点から次のように述べています．すなわち，善く生きるために女も男も互いに協力するものとしつつ，男女の自然本性は区別されるため，それぞれの性質に合わせて分業が成り立つとしています．つまり，男が外部からの富を獲得し，女が内部の富を維持することに特化すると言います（同上書, pp. 463-464）．

　さて，この後，『家政論』はアッティカ地方の家政の利点として，売った物に応じて物を買うので，小さな家政では倉庫を設置せずに済むと述べています（同上書, p. 468）．さらに，王家の財政，国家の財政にも言及し，家政を含めてすべての財政について，支出を収入より大きくしないことに言及します（同上書, pp. 473-474）．

　ここでアリストテレスの『政治学』に戻りましょう．『政治学』では上述のような家政術は，家を管理する術で，家の主人が身に付けておかなければならない任務や義務や技術の体系としています．ここで，アリストテレスは，家政術には生活に必要なものを獲得する獲得術（クテーチケー）が含まれるかどうかという問いを立てて，次のような限定条件の範囲内で獲得術は家政術に含まれると考えました．

　　財の獲得術の一つの種類は，自然にもとづいたものとして，家
　　政術の部分を構成している．その財産は，それを蓄積すること
　　が生活にとって必須であり，また国家や家といった共同体にと
　　って有益であるものとして，もともとそなわっていなければな
　　らないか，もしくはそれがそなわるようにこの術が調達しなけ
　　ればならないものである．実際，少なくとも本当の意味での富
　　とは，こうした財産から成り立っていると思われる．なぜなら，
　　そのような財産の確保によって善き生のための自足が得られる
　　なら，この自足は無際限なものとはならないからである（アリ
　　ストテレス 2018a, pp. 43-44）．

　ここで，アリストテレスは四つの重要なことを述べています．一
点目は，家政術は，家にも国にも適用できることです．二点目は，
家政術は共同体において生活必需品がすでに備わっているかを確認
し，不足部分を調達する術である，ということです．この不足分の
調達には，自給できる部分を生産することと，そうでない部分を獲
得術により入手することが含まれています．三点目は，生活必需品
の蓄えこそ，本当の富である，ということです．四点目は，富は無
限ではない，ということです．

　ところで，アリストテレスは家政術に属さない種類の獲得術につ
いて，蓄財術（クレーマチスケー）と通常呼ばれているものがそれに
該当すると述べています．蓄財術とは財を取得する術ですが，それ
は，生活の自立自足にとって足らぬものを充たすための物々交換と
は異なるとされています．アリストテレスは，「不足するものを移
入し，余剰のものを移送するために国外に頼ることがいっそう多く
なるにつれて，必然的に貨幣の使用が導入されることとなった」と
述べ，「いったん貨幣が導入されるや，必要不可欠な交換から，蓄

財術のもう一つの種類，つまり商業的な種類が生じた」（同上書，p. 46）と述べています．

　アリストテレスの説明を整理してみると，蓄財術は，最初は国レベルの共同体の貨幣を用いた財の取得方法であったものが，しだいに利潤を追求する商人による財の取得方法という別種のものを含むようになった，ということになります．そして，「後に人が経験によってどこから，またいかなる交換によって最大の利益をあげ得るかということを知るに至るや」，蓄財術はよりいっそう技術的なものになったと言います．その上で，さらに次のような重要な指摘をしています．

　　このために，蓄財術はとりわけ貨幣にかかわる術であり，その働きはどこから多くの金銭が得られるかを見極めることにあると思われている．というのも，それは富と金銭とを生み出す術だと思われているからである．実際，人々はしばしば貨幣の多さを富とみなしており，それは蓄財術や売買術が貨幣の多さを目指しているからである（同上書，p. 46）．

　アリストテレスは，先ほど指摘したように，本当の富は生活必需品の蓄えだということを確認しています．そして，蓄財術はもともと共同体の自足のために不足する生活必需品を調達する術であって，しかも貨幣を媒介にしてそれを行うため，結果的には，貨幣が富をもたらすという考え方が生まれ，さらにそこから，富は貨幣の総量だという考え方をする人々が現れたとみなしています．

　以上のアリストテレスの思考過程を，経済過程の制度化という観点から再整理してみると，家政術は，共同体に生きる人々の欲望を満たすための生活必需品を生産し，あるいは外部から調達すること

によって，それらを富として蓄積し，これを共同体のメンバーのあいだで再分配する術である，ということになります．家という共同体の場合はその頂点に立つものは家長であり，国という共同体の場合はその頂点に立つものは為政者になります．家長も為政者も家政術を正しく用いないと，家を没落させ，国を滅ぼすことになります．

　ポランニーがアリストテレスの考え方の中でとりわけ着目したのは，人間の経済を共同体に埋め込み，利得動機で動く商人たちから人々の生活を守る制度的な枠組みでした．アリストテレスは，家の人口が増加して外に出ていき新しい家を形成することにより，家族や親族の間の互酬のネットワークができることを示唆していました．また，ポランニーは，アリストテレスの時代の都市国家としてのポリスが，交易港によって対外貿易を規制し，商人の行動範囲を限定していたことにも着目しました．そこから，導き出せる結論は，家も国も共同体として経済過程を統合しており，その主要な統合パターンは再分配であるということです．しかも，この再分配は互酬により補完され，また，利潤動機を排除した商品交換によっても補完されるのです．ポランニーは，アリストテレスの家政術（オイコノミア）を，まさに定住農耕社会の経済を制度化する方法を叙述した経済学と捉えたのでした．

4. 中世ヨーロッパのエコノミーク

　中世ドイツでは，本章第1節で言及したように，オイコスは「全き家」と呼ばれていました．その「全き家」を管理する術としてのエコノミークは一般に広く普及していました．たとえば，1682年に出版されたホーベルク（Wolf Helmhard von Hohberg）の『篤農訓——貴族の農村生活』には，①農場，非農業的原料生産，②家父の活動，③家母の役割，④ブドウ栽培，酒蔵管理，⑤（および⑥）蔬菜，薬草，花卉の園芸，⑦農耕，ビール醸造，⑧馬の飼育，⑨牛，羊，豚，家禽の飼育，獣医学的指示，⑩養蜂，養蚕，⑪給水，水車，養魚，水禽，⑫林業，狩猟，など，農家経営に関するあらゆる事柄が書かれていました[4]．

　それは，「家における人間関係と人間活動の総体，すなわち夫と妻，親と子，家長と僕婢の関係，家政と農業において必要とされるもろもろの任務の達成を含むもの」でした（ブルンナー 1974, p. 154）．また，同書は，「商業は，家の自給自足を補うのに役立つ限りで，必要でもあり許され」，「それが自己目的となるや否や，すなわち貨幣の獲得そのものをめざすにいたるや否や，非難すべきもの」と位置づけています（同）．このように中世ドイツのエコノミークは，まさに古代ギリシアのオイコノミアを彷彿させるものでした．

　4）　ブルンナー（1974）VI「『全き家』と旧ヨーロッパの『家政学』」参照．また，ホーベルクに関しては，飯塚（1986）も参照．

5. 協同組織ゲノッセンシャフト

　古代ギリシアでは，オイコスは地域共同体の中にあり，それを都市国家ポリスが包摂していました．中世西ヨーロッパでも，「全き家」としての農家や貴族の屋敷が地域共同体の中に存在し，これらの共同体が分権的な領邦国家によって包摂されていました．ただし，古代ギリシアと中世西ヨーロッパとの大きな違いは，後者にはゲルマン民族の伝統を受け継いだ協同組織，すなわち共同体構成員を連帯させ，共同体の首長と相互的権利関係を結ばせるゲノッセンシャフト（Genossenschaft）が存在したことです．

　ゲノッセンシャフトは，12 世紀以来の西ヨーロッパ社会に特有の組織原理です．歴史家オットー・ブルンナーによると，中世ヨーロッパの農民と領主の関係で注目すべきは，農民はもっとも恵まれない場合でも法的人格を持っていたことです．農民と領主は相互的権利関係にあり，領民と同じく領主も義務を負いました．また，農民は相当程度の経済的自立性を持っていました．農村共同体には，自治体生活へ，自己統治へ，村法へと向かう一つの傾向が存在しましたが，それは領民の間にゲノッセンシャフト的関係があればこそ可能でした．また，都市領主と市民共同体の関係においても，はるかに強力なゲノッセンシャフト的生活が展開しました（ブルンナー 1974, p.130）．

6. まとめ

　家政術は古代ギリシアのオイコノミアから中世ヨーロッパのエコノミークまで，共同体制度に支えられて日々営まれる貴族から小農

民までを含む生活者の生業を導く技術を説明する体系として継承されてきました．しかし，封建社会が崩壊し市民社会が誕生する過程で，共同体の制度的枠組みは取り壊され，生活必需品など多くの消費財が「全き家」での自給生産から農場や工場での商品生産に取って代わられるようになると，家政術からは生産に関する要素が脱落していき，家庭での消費活動だけが家政術の主題として残るようになりました．その一方で，商品生産を前提とする全く新しい経済学の体系が，ポリティカル・エコノミーとして登場することになります．

第3章 ポリティカル・エコノミー
──拡大する市場経済

　近代ヨーロッパは，封建社会とは異なる秩序を持った市民社会の到来とともに幕が開きました．アリストテレスの時代には，オイコスには家族や奴隷や家畜や耕作地などが属していました．しかし市民社会では，奴隷は家事使用人に置き換わり，貴族の支配が否定されて，一般市民が主権者として国の政治に参加する道が開かれます．

　このような中で，経済のあり方も変わってきます．すなわち，オイコスに付随していた生産機能が家の外部に押し出され，家は消費空間として矮小化の道をたどることになりました．共同体の経済の隙間や縁辺に存在していた市場が次第に大きくなって，市場原理が共同体を呑み込んでしまうかのような様相を見せ始めたのでした．

　人間の経済を商品生産の視点から捉える近代的経済学が立ち上がるのも，この時代になってからです．本章では，ジェームズ・ステュアートとアダム・スミスという対照的な二人の経済学者の所説を紹介しながら，近代的経済学の特徴を見ていくことにします．

1. 全国市場の登場[1]

　ヨーロッパ中世都市には，市内の地域市場とともに，遠隔地市場

が存在していました．遠隔地市場は大市であり，アジアからの香辛料の輸入や織物の輸出を扱っていました．また，地域市場は，近隣農村からの食料や雑貨の取引が中心でした．都市の間に市場間流通があったとすれば，それは自治都市同士の遠隔地取引でした．農村が都市の遠隔地市場に直接取り込まれることはなく，都市と農村との自由取引は制限されていました．農村の経済は，基本的に自給自足的な家政（＝「全き家」）から成り立っており，地域市場の存在は取るに足らない規模でした．

　このような状況のもとでは，遠隔地市場はハンザ同盟のような特権商人たちの集団によって独占され，都市の地域市場もまたギルドのような職人組合によって統制されており，自由な取引を通して利潤追求を図ろうとする近代的な資本家的商人が市場に介入する余地は限られていました．そこで彼らは，市場ごとの参入障壁を撤廃することを要求しました．具体的には，地域市場の間の取引を自由化して，複数の産地で生産される同種の産物，たとえば小麦が，競争を通して自由に取引できるようになることを要求しました．そしてそのためには，遠隔地市場と地域市場の障壁も取り除くこと，また，都市と農村の市場の隔壁も除くことを求めました．

　15 世紀から 16 世紀にかけて，国家的な事業として重商主義が推進されるようになると，資本家的商人たちが，商品生産の分野に資本を投入するようになりました．重商主義は，初期の段階では，商品を輸出して金を輸入することを目的としており，そのため金を輸出して商品を輸入することは極力抑制されました．これは重金主義と

---

1)　本節は，主としてポラニー（2009）『［新訳］大転換』第 5 章「市場パターンの展開」およびマルクス（1983c）『資本論』第 4 分冊第 24 章「いわゆる本源的蓄積」を参照しました．

呼ばれます．その結果，貿易による富の増大という意図に反して，国内の物資が過剰に国外に流出し，経済の基盤自体が弱体化して，富が減少することにもなりました．大航海の時代に強大な国力を誇示したスペイン，ポルトガルなどは，こうして凋落していきました．

重金主義の限界が明らかになると，ヨーロッパ諸国は貿易差額主義をとるようになり，輸出額と輸入額の差額によって富の増大を図ることをめざしました．こうした時代の流れの中で，問屋制家内工業や工場制手工業（マニュファクチュア）が発達するようになります．商人たちは，職人たちに原材料や道具を貸し与えて衣類や雑貨，装飾品などを作らせたり，彼らを工場に集めて家具，馬車，時計の製造などを行わせたりしました．そして，それらの商品を国内各地域の市場で売り捌くようになりました．中世的な自治都市は次第に解体し，また農村地帯への商業の進出も行われて，次第に全国的な市場の形成が促されるようになりました．羊毛工業はこうした重商主義の時代を通して盛んになったのでした．

ちなみに，イングランドでは，15世紀の最後の3分の1期および16世紀の最初の数十年間に，いわゆる第一次土地囲い込みが行われました．ヨーロッパ大陸のフランドル地方で栄えた毛織物生産とそれに照応した羊毛価格の騰貴に刺激を受けた土地所有者たちは，王権や議会の禁止令を無視して，耕作地に対して封建的権利名義を有していた農民を土地から暴力的に追放し，また農民の共同地を横領することによって，放牧場に転換してしまいました．借地契約は破棄され，農民の住居まで破壊されて町や村は荒廃し，農民は行き場を失って貧民となりました．1516年には，トマス・モアが「イギリスの羊は人間さえもさかんに食い殺している」と『ユートピア』の中で風刺しています．王権による禁止令は繰り返し発令されましたが，土地所有者の違法な囲い込みは留まるところを知りませ

んでした．エリザベス女王はイングランド巡行をしたのちに，「貧民がいたるところにいる」と叫ぶまでに至りました．

　さて，全国市場は，地域内で完結していた財の循環を全国的な循環に置き換えます．その過程で，市場に提供される財の品数が増え，家の中で生産されていたものが次第に商品として市場に出回るようになります．それだけではなく，工業化の進行とともに迂回生産が広まり，原材料から最終消費財に至る生産工程が増えて，中間財市場が発達します．こうして，全国市場は，経済の市場化を推し進めていくことになります．

　しかしながら，まだこの段階では統一的な全国市場は確立するには至りません．なぜなら，重商主義政策をとる国家は，国内の生産と分配の組織的システムを維持するために，無制限な競争を統制し，投機的商人が闖入して市場を攪乱することを防いだからです．全国市場は，既存の地域市場や遠隔地市場と並んで併存する形となり，また，生活の基盤である「全き家」も完全には解体しておらず，経済統合の観点からすれば，全国市場はまだ交換パターンを一般化するだけの力を持ちませんでした．したがって，全国市場は経済的には付随的な位置づけに留まりました．

2．ポリティカル・エコノミー

　さて，以上のような市場の進化過程を経て，18世紀の後半のスコットランドに二人のきわめて対照的な経済学者が現れました．一人はジェームズ・ステュアート（1713-1780），もう一人はアダム・スミス（1723-1790）です．ステュアートはオイコノミアの原理を用いて市場を制御し，一国の経済統合を維持しようと考えたのに対し，スミスは市場原理の自己調整的機能によって，諸個人の利己的

行動が結果的に一国の経済を統合する方向に向かうものと考えたのです．本節と次節でそれぞれの考え方を概観しましょう．

　経済学者の多くは，経済学の父としてスミスの名前を挙げることはあっても，ステュアートにはめったに言及することがありません．ポランニーも例外ではなく，ステュアートを取り上げてはいません．しかし，少なくとも英語圏では，ステュアートはスミスに先立って経済学の体系を構築しようと企図したおそらく最初の人物です．彼は 1767 年に刊行された『経済学原理』の第 1 篇「序論」の冒頭で次のように述べています．

> エコノミー（oeconomy）とは，一般的に言えば，家族（a family）のあらゆる欲望を，思慮深く，かつ節約に努めながら充足する術（art）である（ステュアート 1980，p.27）．

　ここで家族というのは，家長がいて，妻と子供がいて，使用人がいて，家畜がいるようなまとまりをいいます．アリストテレスのオイコスとほぼ重なる概念として使われています．ただし，財産としての奴隷は存在せず，個人としての人格を持った使用人が奴隷に置き換わっています．エコノミーの目的は，一家を構成するすべての個人に食べ物やその他の必要物および仕事を与えること，とステュアートは言います．もともと英語のエコノミー（economy）の語源はギリシャ語のオイコノミア（oikonomia）ですから，ステュアートはエコノミーという語を語源に忠実な意味で使っています．

　さて，ステュアートによれば，エコノミーには，家族の支配者であるとともに執行者でもある家長が必要です．家長は，支配者としてはみずからのエコノミーに種々の準則を設け，執行者としてはそれを実行することが求められています．その上で，ステュアートは

国の経済に関しては次のように述べています.

> エコノミーが家族において持つのと同じ意義を, ポリティカ
> ル・エコノミー (political oeconomy) が国家において持ってい
> る (同上書, p.28).

> この科学 [＝ポリティカル・エコノミー] の主要な目的は全住
> 民のための生活資料の一定のファンドを確保することであり,
> そのことを危うくする恐れのある事情をすべて取り除くことで
> ある. すなわち, 社会の欲望を充足するのに必要なすべての物
> 質を準備することであり, また住民 (彼らが自由人であるとして)
> に, 彼らの間に相互関係と依存の状態がおのずから形成される
> ように, その結果それぞれの個人的利益が彼らを導いておのお
> のの相互的な欲望 (reciprocal wants) を充足しあうことになる
> ように, 仕事を与えることである (同上書, p.29).

　ステュアートは, エコノミーにおける家長に該当する者は, ポリ
ティカル・エコノミーでは為政者 (stateman) だといいます.

> 経済上のさまざまな方策の得失について判断を下すこと, そし
> て, おいおいと臣下の心を型どりながら, 私的な利益につられ
> て計画の実施に協力するように彼らを誘導することが, 為政者
> の務めである (同上書, p.30).

　ここで, ステュアートは自由な個人の私的利益を認めています.
ステュアートは利己心を持った自由な個人同士が互恵的関係や相互
依存の関係を結ぶためには, 為政者による誘導が必要だと考えます.

ところで，自由な個人同士が出会う場は，具体的には市場です．そして，そこで人々は私的利益に導かれて取引を行うことになります．したがって，この取引そのものが為政者の意図に沿って調整されないと，人々のあいだには互恵的関係が生まれないことになりかねません．

スチュアートは，国の人口が農民（farmers）とフリー・ハンズ（free hands）に分かれているモデルから出発します．ここで，農民とは，自給自足の生活を行うものではなく，国民全体の需要を満たすために農産物を生産し販売するという，商業活動としての農業に従事するものと想定されています．他方，フリー・ハンズは，農産物以外の財への国民の需要を満たすために，工業や商業に従事する人々のことを指します．フリーは，農業労働から自由という意味です．

農民もフリー・ハンズも，自分たちの生産物を市場で販売して貨幣を獲得し，貨幣によって自分たちの欲望を満たす財を購入します．ここで重要な点は，国民は勤労をして得た貨幣によって，自分たちの欲望を充足する財を入手することです．そこで為政者は，国民に勤労の機会を十分に提供する義務を負います．市場における価格変動ないしは，需給バランスの変化を分析して，労働力が過剰となる分野から不足する分野へと，国民を利己心に基づいて誘導することが求められます．それでもなお，一国全体で過剰人口が生成する場合，為政者は公共事業による失業者の吸収か，兵士を増やすか，植民政策を通して国外に過剰人口を送り出す必要がある，とスチュアートは言います．

スチュアートは，為政者が国民全体の需要を満たすために，国内での農業とその他産業とのバランスを維持することで，国民全体に仕事が行きわたることに専心することを強調します．そして，その

ためには信用取引を行う商人たちの存在を為政者が重視することが大切と考えます．なぜなら，商人たちは信用貨幣を発行して商品取引の量を増幅させ，国内の生産活動を活発にするからです．雇用機会が増えると，勤労人口が増えて国の富が増大することになります．

このように，ステュアートのポリティカル・エコノミーは，一国の富を再分配する道具として市場を用いるための術であり，為政者が心得ておかねばならぬ知識として位置づけます．すなわち，一国の経済を統合するパターンとして，為政者による再分配が交換の上位に位置づけられることになります．換言すれば，市場原理で処理できない領域に政府が介入して，経済を安定させ富を再分配するという意味で，ケインズ的マクロ経済学の先駆けになっていると言ってよいでしょう．

ところで，日本語には「経世済民」ないし「経国済民」という言葉があります．「国や世の中をよく治め，人々を苦しみから救うこと」「国家を経営し人民を救うこと」といった意味です．私たちはこれを略して「経済」と呼びならわしています．したがって，日本語の「経済」はもともとステュアートのポリティカル・エコノミーに近い概念です．実際，明治時代に古典派経済学が日本に導入された頃には，ポリティカル・エコノミーは経済学と訳されて，全く違和感がありませんでした．今日では，新古典派のエコノミクス（economics）が経済学と呼ばれ，それと区別するために，わざわざポリティカル・エコノミーのことを政治経済学と訳すことが多くなりました．

3.　マーケット・エコノミー

次に，1776 年に『国富論』を著したアダム・スミスについて見

ておくことにしましょう．スミスは，人間の本性には「ある物を他の物と取引し，交易し，交換しようとする性向」（スミス 1978a，p. 24）があると考えます．そこで，文明社会では，人間はいつも多くの人の協力と援助を必要としますが，全生涯を通じてわずか数人の友情を得るのがやっとであるので，他人の協力と援助を得るためには，彼らの博愛心にのみ訴えても駄目であり，交換性向を刺激することが重要だ，ということになります．

> 自分に有利となるように仲間の自愛心（self-love）を刺激することができ，そしてかれが仲間に求めていることを仲間がかれのためにすることが，仲間自身の利益にもなるのだということを，仲間に示すことができるなら，そのほうがずっと目的を達しやすい．他人にある種の取引を申し出るものはだれでも，このように提案するのである．……われわれが呼びかけるのは，かれらの博愛的な感情にたいしてではなく，かれらの自愛心にたいしてであり，われわれ自身の必要についてではなく，かれらの利益についてである（同上書，pp. 25-26）．

　このように述べるスミスは，社会の富は人間の欲望を満たす物的手段，すなわち生活の必需品や便益品から成り立っていると考えていました．この点で，スミスはアリストテレスと同じく，富の実体を貨幣ではなく，生活必需品を中心とした生産物とみています．スミスは，貨幣を富と同一視する重金主義の考え方に対して，社会の真実の富は「土地と労働の年々の生産物」（同上書，p. 6）である，との考え方を対置しました．『国富論』の原題は「諸国民の富の本質と原因に関する研究」となっています．
　では，スミスは富の生産と分配の法則をどのように捉えていたの

でしょうか．スミスは次のように考えました．すなわち，どのような社会でも，年々の収入（今日のいわゆる国民所得）は，その社会の産業によって年々生み出される全生産物の交換価値（今日の国民総生産）と等しくなります．したがって，社会全体の年々の収入は，年々の生産物の交換価値が増えればそれだけ増えることになります．つまり，現代風にいえば国民総生産が増加すれば国民所得が増えて社会全体がそれだけ豊かになるというわけです．

　それでは，どのようにして，社会全体で生産物の交換価値を高めることができるのでしょうか．スミスは，社会が基本的に商品生産者から成り立っているような商品経済を想定し，個人個人が，自己の収入を増やすために生産物の価値が最大になるように各自の資本を運用することが重要，と考えました．そしてそのために自由競争市場が必要と考えたのでした．ここでスミスは，社会をよくしようとして結果的に他人の生産意欲を阻害する人より，利己的に行動する諸個人のほうが社会全体の利益を高めることになるという，自由競争市場の逆説を認めています．自由競争市場においては，利己的な個人は「見えざる手 (invisible hand)」に導かれて社会公共の利益を増進することになる，というのです[2]．すなわち，為政者による市場の調整ではなく，需要と供給によって自己調整的に決まる価格が諸個人の福祉を最大限に高める，と考えたのです．

　そして，国家は必需品の市場価格を押し上げるような関税や租税を社会に強制するべきではなく，むしろ利己的個人に期待できないような公共投資，たとえば市場取引を拡張し円滑にするような港湾

---

　2)　スミスの「見えざる手」については，スミス (1978b) pp. 120-121 の註を参照のこと．なお，しばしば「神の見えざる手」という表現を見かけますが，スミス自身は「神の」という言葉は用いていません．

や道路網の整備などに取り組むべきである，という自由主義国家の考え方を展開しました．前節で確認したように，ステュアートの場合は，市場取引そのものが為政者によって調整され，為政者によって富が人々のあいだに再分配されると考えられていましたが，スミスの場合はそうではなく，交換行為の網の目が市場における自己調整的運動を許し，富を人々のあいだに行きわたらせる，と考えるようになったのです．すなわち，スミスは国民の職業選択の自由が無条件に認められていて，一国における富の再分配も，市場原理の「見えざる手」によって調和的に実現される，と捉えるのです．

したがって，スミスの場合，一国の経済を統合するパターンとしては，交換が中心的位置を占め，交換を通して再分配が行われることになります．その意味で，スミスの経済学はマクロ経済のミクロ的基礎を標榜する新古典派のミクロ経済学の祖型になっているといえるでしょう．

同時代人のステュアートとスミスを比較してみると，ステュアートはアリストテレス以来続いた共同体の経済の最後の守り手であったのに対し，スミスは共同体の秩序を破壊して成長する市場経済の最初の支持者であった，ということができるかも知れません．その意味で，近代的経済学の枠組みを作ったのはスミスだという主張にもそれなりの言い分があることは確かです．しかし，20世紀と共に市場万能主義の時代が終わってみると，オイコノミアの基本的考え方を近代に生かそうとしたステュアートこそ，経済統合における国や共同体の役割を再検討する必要が生じている今日において，再評価されるべきではないでしょうか．

4. 労働力商品化

　ところで，ステュアートとスミスが生きた時代には，イングラン
ドで共同地を囲い込んで私有の耕作地にするいわゆる第二次土地囲
い込みが始まっていました．第二次土地囲い込みは，「共同地囲い
込み法（Bills for Inclosures of Commons）」によって合法化されてい
ました．1750 年から 1850 年にかけて 4,000 近い囲い込み法が議会
を通過しました（Rosenman 2012）．その背景には，人口増加に伴う
穀物増産の必要が高まったことがありました．1801 年から 1831 年
までの 30 年間に，351 万エーカー（140 万ヘクタール）の共同地が農
民から収奪され，議会によって地主に贈与されました（マルク
ス 1983c, pp. 1247-1248）．第二次土地囲い込みによって共同地まで
奪われた貧民の多くは，いよいよ行き場のない浮浪民となって，社
会の存続を脅かす存在となりました．彼らはいったいどのようにし
て生き延びることができたのでしょうか．

　ここで，1795 年から 1834 年にかけて施行されたスピーナムラン
ド法による貧民救済の独自の意味が浮かび上がってきます[3]．スピ
ーナムランド法は，労働能力のある貧民を賃労働者として農業資本
家に雇用させ，その代わりに不足賃金を現物で補助する教区単位で
の院外救済を基本としています．そのための費用は，借地農業者か
ら徴収される救貧税によって賄われました．小規模な借地農業者は
貧しいことが多く，納税の負担は重いものでした．そこで，彼らは
貧民を積極的に雇用することで賃金補助を獲得し，部分的に税負担

---

　3)　ポラニー『大転換』第 7 章「スピーナムランド法」（ポラニー 2009, pp.
　　133-149）を参照.

の埋め合わせをしました.

　アダム・スミスの自由競争市場の考え方を支持する経済学者として，1819 年に『経済学および課税の原理』第 2 版を発表したデヴィッド・リカードゥ（1772 - 1823）は，スピーナムランド法の下での救貧政策を次のように批判しました.

> 　他のすべての契約と同様に，賃金は市場の公正で自由な競争にまかせるべきであり，けっして立法府の干渉によって統制されるべきではない.……救貧法には，明瞭かつ直接に，この明白な原理に正反対に作用する傾向がある.その傾向は，立法府が慈悲深く意図したように，貧民の境遇を改善するのではなく，貧民と金持と双方の境遇を悪化するものである.救貧法は貧民を富ませる代りに，金持を貧しくするように作られている.……救貧法は，慎重で勤勉な人々の賃金の一部をその施行に提供することによって，抑制を不必要にし，無分別を招いたのである（リカードゥ 1987，pp. 150-151）.

　このような批判にもかかわらず，農村部での温情的措置は 40 年近く継続されました.この措置によってかろうじて生き延びた貧民たちは，1834 年新救貧法の制定によりスピーナムランド法が廃止されたことによって，飢えの恐怖を回避する唯一の場である労働市場に大量に送り込まれていきました.教区単位の院外救済が無くなったことによって，労働者の教区を越えた移動が自由になり，結果的に労働市場は全国的な広がりを持つものとして確立することになりました.

　ここに，貧民大衆の生存を保障してきた共同体の制度的枠組みが消滅し，かれらは無産労働者として自らの労働力を資本家に売らな

ければ生きていけない存在に変身させられてしまったのです．この労働力商品化を梃子にして，資本家的生産様式が展開されることになったのです．こうして，一方ではステュアートの経済学はその共同体的基盤を失っていったのですが，他方でスミスの経済学も自らのユートピア的性質を顕わにすることになったのでした．なぜなら，スミスが想定した自由競争市場に基づく商品経済は，19 世紀においては，大量の無産労働者の労働力を必要とする資本家的生産様式に基づく商品経済として現れる他なかったからです．

5．まとめ

　ステュアートもスミスも，自由な商品取引が社会の隅々にまで浸透しつつある市民社会の黎明期に生きた経済学者であり，ともに市場原理が経済統合において重要な位置を占めることに気づいていました．ただ，ステュアートはオイコノミアの原理に基づき，国民の間での雇用の分配に関しては為政者の調整が必要だという視点を保ち続けたのに対し，スミスは雇用問題も含めて，市場原理による自動調節の可能性を信奉していました．ただし，両者ともに，人間は商品生産者として市場社会に参加し，商品交換を通してそれぞれの欲望を満足するとみなしていることに変わりはありませんでした．

　しかしながら，彼らが生きた時代には，全国市場はまだ交換パターンを社会的に支えるだけの力を持っていませんでした．土地の囲い込みという歴史的出来事によって土地と労働力が商品化され，生産の主要三要素である土地，労働，貨幣に関する全国市場が登場して初めて，交換パターンによる経済統合が一般化することになります．だが，この交換パターンを支えたのは，自由な商品生産者の集まる市民社会ではなく，大量の無産労働者と彼らを搾取する資本家

からなる資本主義社会でした.

第4章　富から価値へ
―― 人間と自然から離床する経済

　揺籃期の経済学は，金銀よりも生活必需品や便益品を富と捉えて，こうした物的手段からなる富の合理的な生産，交換，分配のメカニズムを探究してきました．そして，富の源泉として土地を重視する重農学派から，労働を重視する古典派へと経済学の潮流が推移するなかで，富の概念も次第に生活必需品や便益品のような具体的なものから，より抽象度の高い価値概念に置き換わっていきました．その結果，人間の経済の基盤ともいえる自然と人間とのあいだの物質代謝を分析する視角が経済学から失われることになりました．本章では，富の源泉をめぐる以上のような経済学の変遷の跡をたどり，古典派経済学が抽象的な価値論に傾斜しすぎたことを指摘するとともに，自然と人間とのあいだの物質代謝において，資本家的生産様式による攪乱が生じていたことを明らかにします．

1．労働と土地

　1662年，イギリスでウィリアム・ペティ（1623‐1687）が『租税貢納論』を匿名で発表しました．当時のイギリスでは清教徒革命ののち王政復古が行われ，土地貴族の権利の回復が目指されていまし

た．しかし，商品生産に携わる製造業者や商品流通に携わる市民階級の勢力は無視しがたく，彼らの労働が富の形成の一翼を担っていることはもはや明らかとなっていました．そこで，ペティは課税対象となる分野，すなわち剰余価値を生み出す分野を網羅的に検討し，剰余価値生産を抑圧する政策を批判し，促進する政策を推奨しました．

　たとえば，刑罰に関して，死刑や犯罪者の身体の一部を切断する刑に関しては，強制労働や罰金に転換するのが望ましいと述べていますが，その理由を次のように示しています．

　　　　ここでわれわれは，【労働は富の父でありその能動的素因である，ちょうど土地がその母であるように（That labour is the Father and active principle of Wealth, as Lands are the Mother）】というわれわれの見解の帰結として，国家が，その成員を殺したり，その手足を切断したり，投獄したりするのは，同時に国家自身をも処罰することにほかならないということを想起すべきである．この見地から，このような処罰は（できる限り）避けらるべきであろうし，それらは労働と公共の富とを増加する罰金刑に換刑さるべきであろう（ペティ 1952, p.119）．

　ペティは，土地が富の源泉と考える土地貴族に対して，人間の労働もまた富の源泉の一つだという見解を対置して，労働の可能性を奪うような政策を批判するのです．のちに，ペティの言説のうち「労働は富の父でありその能動的な素因である」という部分が古典派経済学によってクローズアップされて，ペティは労働価値説の始祖に位置づけられてしまうことになります．ただし，古典派経済学が興隆する以前に，「土地が富の母である」ことを理論的に説明し

ようとする学派がフランスで登場します.

2.　フィジオクラート

　1767年に，フランスではフランソワ・ケネー（1694-1774）が
『経済表』の最終版を発表しています.ケネーはフィジオクラート
（physiocrat），すなわち重農学派の経済学者で，人間の経済活動も
自然の摂理によって制御されるという視点から，自然の営みに近い
活動を生産的とし，遠い活動を不生産的としました.『経済表』は，
一国の経済過程が毎年同じように繰り返される条件，すなわち富の
生産から分配に至る過程を年々循環させる条件を表しています.具
体的イメージをつかむために，いわゆる「経済表の範式」（ケネ
ー 2013, pp.109-123）を例にとって説明しましょう.

　「経済表の範式」は，正式には「農業国民の年々の支出の配分に
関する経済表の算術的範式」と呼ばれています.「範式」では，国
民は生産階級，地主階級，不生産階級の三つの市民階級に集約され
るものとしています.生産階級は，「国土の耕作によって国民の
年々の富を再生させ，農業労働のための支出を前払し，かつ土地所
有者の収入を年々支払う階級」です.地主階級は，「主権者，土地
所有者そして十分の一税徴収者」から成り立っており，耕作可能な
土地を生産階級に貸し付けることで地代収入を得ます.不生産階級
は，「農業以外のサーヴィスや労働に従事するあらゆる市民」とさ
れています.不生産階級は具体的には加工品製造に従事する者によ
って代表されています.

　「範式」においては，国土における耕作地が，すべての人間の食
料および加工品の原材料を提供する，という考え方が前提とされて
います.耕作地は自然の一部ですから，結局，人間の経済は生物資

源に依存しているということになります．生物資源は種の存続のた
め，子孫を過剰に生み出します．ケネーの頃はまだ生態系という概
念がありませんでしたが，生命体の余剰は食物連鎖を通して他の種
の食料となり，生態系の物質循環を形作ります．人間はこの生態系
の物質循環に介入し，余剰の生命を収穫し，富の物質的基盤を形成
します．つまり，生物資源そのものを食いつぶすことなく，いわば
ストックから生み出されるフローとしての余剰生産物を収穫するこ
とで経済過程を循環させていくことになります．

　ケネーは，自然の生み出す余剰生産物を獲得し，自然の劣化を防
ぐための投資を行うことは自然に直接働きかけることであり，それ
を通して得られた原材料を加工することは自然に間接的に働きかけ
ることであると考えました．そこで，彼は前者の活動の担い手を生
産階級とし，後者の活動の担い手を不生産階級としました．

3. 社会の富と自然の恵み

　ケネーの考え方は，アダム・スミスにも受け継がれます．スミス
は，本書の第 3 章第 3 節で言及したように，貨幣を富と同一視する
俗説に対して，真の富は「土地と労働の年々の生産物」である，と
の考え方を対置しました．スミスは『国富論』で次のように書いて
います．

　　等量の資本で，農業者の資本ほど多量の生産的労働を活動させ
　　るものはない．ここでは，労働する使用人ばかりか労働する家
　　畜も，生産的労働者である．そのうえ，農業では，自然も人間
　　とならんで労働する．そして，自然の労働にはなんの経費もか
　　からないけれど，その生産物は，最も費用のかかる職人の生産

物と同じように，価値を持つものである．……栽培と耕作は，
活動している自然の豊度を活気づけるよりも，むしろそれをほ
どよく調整する場合が多いのであって，栽培と耕作の労働がす
べてなされたあとも，仕事の大部分はつねに自然の手でなされ
なければならない．……製造業では自然はなにもしないで，人
間が万事を行なう（スミス 1978a, pp.568-569）．

　ところで，スミスは地代を「土地の使用に対して支払われる価
格」とみなします．土地は地主に独占されており，需要に応じて供
給量を増減させることができないため，もし，土地の生産物の価格
が，「それを市場にもたらすのに用いられねばならない資本を通常
の利潤といっしょに回収するに足りるようなもの」より大きければ，
「その余剰部分は，とうぜん地主の地代になる」と考えられます．
もし，生産物の価格が「これより大きくなければ，その商品が市場
にもちこまれても，それは地主に何の地代も提供できない」ことに
なります．したがって，生産物の価格が，その生産に要した費用と
通常の利潤より「大きいか大きくないかは，需要に依存する」こと
になります．そこで，「賃金および利潤が高いか低いかは，価格の
高低の原因であるが，地代が高いか低いかはその結果」ということ
になります（同上書，pp.240-244）．
　ところが，スミスはこう述べた後に，次のような別の説明を加え
ています．

　　たいていの土地は，それがどんな位置にあろうと，食物を市場
　　にもたらすために必要ないっさいの労働を扶養する——その労
　　働者を最大限に優遇するとしても——に足りる以上の食物を生
　　産するものである．そのうえ，この余剰は，この労働を雇用し

　　た資本を，その利潤を添えて回収してもなお余りあるものである．それゆえ，地主にたいする地代としてはつねになにほどかのものが残る（同上書，pp. 245-246）．

　　ノルウェーやスコットランドの不毛の荒野でも，畜牛のためのある種の牧草は生える．この畜牛の乳や幼牛は，家畜の世話をするのに必要なすべての労働を維持し，その農業者すなわち家畜群の所有者に通常の利潤を与えるだけでなく，なおその土地の地主に少額の地代を与えても，なおつねにあまりがあるほどである（同上書，p. 246）．

　このような土地の生産力についてのスミスの説明に関しては，当然賛否両論が存在します．スミスの経済学の批判的継承者として互いにライバルであるとともによき友人関係にあったロバート・マルサス（1766-1834）とデヴィッド・リカードゥの二人の考え方はこの点できわめて対照的です．
　マルサスは，スミス以上にフィジオクラートを積極的に肯定しており，その観点から，スミスの地代論が不十分である，と考えています．すなわち，マルサスは，スミスが土地の生産物の「高い価格のもっとも本質的な原因を……十分明らかに説明していない」とみなしています．また，スミスが独占価格を論じたことに対して，彼がそれを土地の地代に適用することによって，「生活必需品と独占貨物との高い価格の原因のあいだの真のちがいについて明確な印象を読者に与えていない」と批判します（マルサス 1968，p. 190）．
　では，マルサス自身の説明はどうなっているでしょうか．彼は，土地の生産物の価格が，生産費以上に超過する原因として次の三つを挙げています（同上書，pp. 195-196）．

①土地の性質であるが，それは土地に用いられる人たちを維持するのに必要なものよりも，より多くの生活必需品を土地が生み出すようになしうるものである．

②適当に分配されるときにはそれ自身の需要をつくりだし，または生産された必要品に比例して需要者の数をますことのできる，生活必需品に特有な性質である．

③自然的にも人工的にも肥沃な土地が比較的に稀少なことである．

このうち，②は「供給はそれ自身の需要を作り出す」というセーの法則に対応し，③は独占価格に対応します．ところが，①の土地の性質について，マルサスは「自然の人間への賜」と述べています．そしてそれは，「独占とは何の関係もないが，しかも地代の存在にとっては絶対に本質的なものである」としています．また，「土地が地代を生み出す能力は，その肥沃度に，また土地がそれに投下された労働を維持し資本を維持するのに厳密に必要なもの以上を生産するようにされうる一般的剰余に，正確に比例している．……そしてどんな程度の独占も──外部的需要のどのような可能的増大も──，そのさまざまの能力を本質的に変えることができない」と結論づけます（同上書，p. 197）．

4.　自然力一般

スミスやマルサスが，フィジオクラートに倣って，土地の肥沃度に特別の意味を認めたのに対し，リカードゥはこれを完全に否定します．彼は次のように述べています．

あらゆる商品の交換価値は，つねに，きわめて有利な，そして

生産上の特殊便宜を持つ者だけがもっぱら享受する事情のもとで，その生産に十分である，より少ない労働によって規定されるのではなく，このような便宜を持たない者，つまりもっとも不利な事情のもとで生産を継続する者によって，その生産に必然的に投下される，より多くの労働量によって規定される——ここで最も不利な事情というのは，生産物の必要量に応ずるためには，なおそのもとで生産を続けなければならない，最も不利な事情のことである（リカードゥ 1987，p.110）．

最優等地においては，以前と同量の労働で，相変わらず同量の生産物が得られるだろう．だが，その価値は，肥沃度の劣る土地に新しい労働と資本を投下した者の得る収益が減少する結果として，高められるだろう．……劣等地ではより多くの労働が必要になり，しかもこのような土地からのみ，われわれは原生産物の追加供給を得られるのだから，この生産物の相対価値は旧水準を永続的に上回る（同上書，p.111）．

そうだとすれば，原生産物の相対価値が騰貴する理由は，最後に収穫される部分の生産により多くの労働が投下されるからであって，地主に地代が支払われるからではない．……人間が額に汗してすることは多くなり，自然のすることは少なくなるであろう（同上書，p.112）．

　このような観点から，リカードゥは手厳しくスミスを批判しています．

　製造業では，自然は人間のために何もしないのか．われわれの

機械を動かし，航海を助ける風力や水力は，はたして何物でもないのか．……自然が人間に援助を与えていない，しかも，気前よく無償で与えていない製造業など，およそ挙げることができない（同上書，p.114）．

耕作の過程で自然が人間の勤労と共働するから，農業は農産物を生み，したがってまた地代を生むのだ，という考えは，単なる幻想に過ぎない（同上書，p.115）．

　リカードゥは，フィジオクラートの流れを汲むスミスやマルサスが，自然力一般を評価することなく，土地の肥沃度のみを特別扱いすることに，理論的に一貫しないものを感じ取ったのでした．しかし，その理論とは，綿工業に代表される工業生産をベースにした価値論体系です．リカードゥは，こうして農業生産の特殊性を経済理論から排除することによって，理論的に人間の経済を生命の世界から遠ざける結果を生み出してしまいました．時あたかも，産業革命が進行し，人間の経済を物質的に支える資源・エネルギーが生物的なものから鉄と石炭という地下資源へと転換しつつありました．経済過程を物理的に支える自然と人間とのあいだの物質代謝は，古典派経済学の分析対象からこのようにして排除されていきました．

5．富の源泉と自然力

　ところで，古典派経済学を批判的に継承したカール・マルクス（1818-1883）は『資本論』において，古典派と異なり，商品には二面性があること，すなわち，使用価値と交換価値があることから話を始めます（マルクス 1982, p.59）．まず，上着やリンネルという

個々の商品体から使用価値的属性（体を温める，衣服やシーツの素材
となる，など）を取り除けば，そこに残るのは「労働生産物という
属性だけである」（同上書，p.64）とマルクスは言います．そして，
この労働生産物は，「指物労働，建築労働，紡績労働」などの具体
的な生産的労働の産物ではないと断ったうえで，「労働生産物の有
用的性格とともに，労働生産物に表されている労働の有用的性格も
消えうせ，……これらの労働は，もはや互いに区別がなくなり，す
べてことごとく，同じ人間的労働，すなわち抽象的人間労働に還元
されている」（同上書，p.65）と言います．このようにマルクスは，
交換価値の本質として抽象的人間労働に注目します．この限りでは，
マルクスは古典派の労働価値説の思考過程を忠実に再現しています．
　しかし，他方でマルクスは商品の使用価値に表される労働の固有
な性質にも深い注意を払っています．

　　労働は，使用価値の形成者としては，有用的労働としては，あ
　　らゆる社会形態から独立した，人間の一実存条件であり，人間
　　と自然との物質代謝を，それゆえ人間的生活を，媒介する永遠
　　の自然必然性である（同上書，p.73）．

　ここでマルクスは，商品体について先ほど紹介した二面的性質
（使用価値と交換価値）とは別の角度から，商品体を構成する二つの
要素に着目します．

　　使用価値である上着，リンネルなど，要するに商品体は，二つ
　　の要素の，すなわち自然素材と労働との，結合物である．上着，
　　リンネルなどに含まれているすべての異なった有用的労働の総
　　和を取り去れば，人間の関与なしに天然に存在する物質的基体

がつねに残る（同上書）.

しかも，労働に関しては，マルクスは次のように説明します.

> 人間は，彼の生産において，自然そのものと同じようにふるまうことができるだけである．すなわち，素材の形態を変えることができるだけである．それだけではない．形態を変えるこの労働そのものにおいても，人間は絶えず自然力に支えられている（同上書）.

以上のように，マルクスは使用価値の生産という物的側面において，労働は自然力に支えられて，自然そのものと同じように素材の形態を変えることができるだけと強調します．その上で次のように言います.

> したがって，労働は，それによって生産される使用価値の，素材的富の，唯一の源泉ではない．ウィリアム・ペティが言っているように，労働は素材的富の父であり，土地はその母である（同上書）.

ここで，もう一度ペティの見解を復習しておきましょう．ペティは，『租税貢納論』で次のように言っていました.

> 労働は富の父でありその能動的素因である，ちょうど土地がその母であるように.

ペティは，富の源泉を土地に求める土地貴族の見解に対して，労

働をもう一つの源泉として対置しましたが，マルクスはここでは，
同じペティの見解を，労働価値説の行き過ぎた展開，すなわち，使
用価値を捨象して交換価値に特化する価値論に対して，対置してい
ます．しかも，労働の「能動的素因」の部分を省いています．また，
富に「素材的」という限定を加えています．つまり，使用価値的側
面においては，土地と労働のどちらが「能動的」になることもなく，
どちらも「素材の形態を変える」ことでは自然力の発現形式にすぎ
ないことを示唆しています．マルクスは，後に『ドイツ労働者党綱
領評注』（1875 年）で「労働そのものも一つの自然力すなわち人間
労働力の発現にすぎない」と述べています（マルクス = エンゲル
ス 1954, p.36）.

　ところで，マルクスは『資本論』で，富の交換価値的側面の分析
に偏った古典派経済学を批判するにあたり，本書第 II 部で明らか
にするように，古典派の論理を内在的に批判しその矛盾を明らかに
するという方法をとりました．したがって，富の使用価値的側面に
関する分析は，『資本論』では中心的位置を占めませんでした．マ
ルクスは『資本論』の大工業と農業に関する分析の中で，資本家的
生産様式は「人間と土地とのあいだの物質代謝を，すなわち，人間
により食料および衣料の形態で消費された土地成分の土地への回帰
を，したがって持続的な土地肥沃度の永続的自然条件を攪乱する」
（マルクス 1983b, p.868）と述べます．しかし，そのあとで「しかし
それは同時に，あの物質代謝の単に自然発生的に生じた諸状態を破
壊することを通じて，その物質代謝を，社会的生産の規則的法則と
して，また完全な人間の発達に適合した形態において，体系的に再
建することを強制する」と書いています．

　ただし，『資本論』は破壊された物質代謝を再建する方法を示し
てはいません．そのためには，古典派経済学という狭義の経済学の

内在的批判にとどまることなく，生態学や人類学，地理学や歴史学など幅広い分野の研究成果を取り入れた広義の経済学を展開することが必要です．とは言うものの，順序としては広義の経済学を展開するために，まず狭義の経済学の内在的批判を行う必要があります．本書第 II 部はこの課題を取り扱います．

6. まとめ

アリストテレスは本当の富は貨幣ではなく，生活に必要な財で貯蔵できるものと考えました．中世ヨーロッパに至るまで共同体の経済はこのような考え方によって貫かれていました．しかし，大航海時代に入って世界規模での商業活動が活発になると，金銀のような貨幣を富と捉え，その蓄積を目標として掲げる重商主義が台頭しました．これに対して，土地貴族の側は土地を富の源泉として重視する立場に立ち，そのような土壌の中から重農学派が生まれました．他方，地域市場で次第に勢力を増しつつあった製造業者を支持する者たちは，富の源泉としての労働を重視する立場をとりました．

経済学はこのような時代背景の下で，次第に抽象的な価値論を主柱に据えることになりました．しかしながら，古典派経済学の価値論には，人間の経済にとって基盤となる自然と人間とのあいだの物質代謝を分析する視座が欠如していました．したがって，資本家的生産様式による物質代謝の攪乱を予測することも対策を示すこともできませんでした．資本家的生産様式は，剰余価値の生産に特化した機械制大工業制度を一般化し，人間と土地とのあいだの物質代謝を媒介する農業を破壊することによって，短期的には富の蓄積を促進するように見えても，その土台を自ら掘り崩すことを止めることはできません．本書第 II 部では，このような資本家的生産様式の

本質を，資本の論理として解明します．

第 II 部　資本の論理

　資本主義社会では，富はもはや生身の必需品や便益品という目に見える姿で現れるのではなく，商品という抽象的な概念となって現れます．本書第II部では，資本が労働力商品を用いて剰余価値を生産し自己増殖を行う様子を，マルクスの『資本論』に示された資本家的商品経済に特有な原理を通して明らかにします．そのうえで，資本家的生産様式が人間の生活の隅々にまで浸透し，人間の経済を価値増殖の手段と化すことによって，人間の生命や尊厳に脅威をもたらすようになることを明らかにします．

　商品社会においては，人々は「他人にとっての使用価値」である商品を相互に交換することによって，自分たちの欲望を満たします．第5章では，最初に商品の価値形態をめぐる論理を説明し，商品の交換価値は商品に内在するものではなく，他の商品の使用価値量によって表現されるものであることを明らかにします．そして，商品交換に用いられる貨幣もまたそれ自体が価値の実体を表明するものではないことを示します．そのうえで，商品交換に用いられる貨幣の基本的なはたらきを説明します．

　第6章では，商品価値の実体が労働にあるとする古典派経済学の限界を指摘し，マルクスがそのような限界を克服して，労働そのものとは区別される労働力概念を提唱したことで，労働価値説の新たな展開を可能としたことを明らかにします．そのうえで，資本の増殖の実体的基礎が，労働力商品の生産的消費による剰余価値生産にあることを説明します．また，資本家的生産様式に固有の人口法則および性差別にも言及します．

　資本は商品生産によって人間の経済にかかわりを持ち，そして商品流通を通して人間の経済を資本の運動に巻き込みます．第7章では，この一連の過程を分析するために，資本の循環という視点から資本と人間の経済との関係を捉えます．次いで，資本の再生産の問

題を扱います．具体的には，一社会の資本が総体として，どれだけの生産財を市場に供給し，またどれだけの消費財を供給すれば，社会全体として経済を維持し再生産することができるかという問題です．これは，資本家的生産様式のもとで，商品交換が一社会の経済を統合するパターンとなりうるかどうかを決定する重要な問題です．

　資本の循環過程は資本の生産過程と資本の流通過程から成り立っています．生産過程は剰余価値を生み出す過程であるのに対し，流通過程は様々な流通費用を生み出す過程として捉えることができます．流通費用は剰余価値の実現に必要ですが，最終的には剰余価値から控除されます．そこで，第8章では，はじめに流通費用の節約によって剰余価値を最大化するものとして信用制度を取り上げます．信用制度が発達して，資本家的生産方法が高度化すると，資本の蓄積は景気の循環を通して行われるようになります．とくに，不況期にはシュムペーターのいわゆる「創造的破壊」が行われ，高度化が一気に進むことを明らかにします．また，資本家的生産様式が高度化する結果，金融資本による資本家的活動の支配が行われるようになることを明らかにします．

　最後に，資本家的生産様式の自立に必要な擬制資本について分析を行います．擬制資本とは，本来の資本以外にも，定期的に収入をもたらすものすべてに対して，擬制的に資本概念を適用したものです．資本家的生産様式は，地力以外の自然の能力，労働力以外の人間の能力，さらには社会に内在する能力など，人間が生きていくうえで必要不可欠の要素を擬制資本化し支配します．第9章では，このような擬制資本の拡張によって，自己増殖する価値の運動体としての資本が人間の経済を終わりなき成長に追い込んでいくことを明らかにします．

第5章　商品

──資本主義社会の富の要素形態

　古典派経済学を批判的に分析したカール・マルクスは，1867年に出版された『資本論』第1巻の冒頭で，「資本家的生産様式が支配している諸社会の富は，『商品の巨大な集積』として現れ，個々の商品はその富の要素形態として現れる」と述べています．本書では，資本家的生産様式が支配している諸社会を資本主義社会と捉えますが，本章では，とくに，資本家的生産様式が確立する前段階として，共同体や国家の規制が届かない単純な商品世界[1]を想定して，商品形態の論理を追跡し，その延長上に現れる貨幣形態を分析します．

　単純な商品世界では，諸個人は自ら生産した生産物の所有者として市場に現れます．彼らは市場で，自分の生産物を商品として販売して，他人の生産した生産物を商品として購入することで，つまり，商品交換をすることで自らの欲望を充足します．こうして諸個人は商品世界では商品所有者として相対し，貨幣を媒介にして商品交換を行います．

　ところで，商品は「他人にとっての使用価値」です．商品所有者

---

1)　純粋な市場社会とほぼ同義.

は，他人にとって使用価値があるけれども自分にとっては使用価値のない商品を，自分にとって使用価値があるけれども他人にとって使用価値のない商品と交換することによって，自分の欲望を満たします．

　このとき，二つの商品は等価交換されるのでしょうか．そもそも等価とはどのような意味を持っているのでしょうか．この問いに答えるためには，次のような問題を検討する必要があります．すなわち，二つの商品に価値が内在していて，それぞれの価値の大きさが等しいから等価なのか，または，商品の価値は商品同士の相対関係によって表現されるほかなく，ある商品の価値は別の商品の使用価値量によって測られる形態に過ぎないものか，したがって等価は形態として存在するしかないものか，という問題です．前者は古典派経済学が価値実体論として展開した仮説，すなわち価値の実体は労働であるとする仮説に基づく問いであり，後者はマルクスが『資本論』で展開した価値形態論に基づく問いです[2]．本章では，まず価値形態論の概要を見ていくことにします．

1.　商品の価値形態

(a) 単純な価値形態（第一形態）

　ある商品の価値を別の商品の使用価値量で表現するとき，マルク

---

2)　新古典派の教科書では，マルクスは古典派とともに労働価値説の提唱者とされ，これに対して主観価値説を対置することが習慣になっています．しかし，マルクスの価値形態論は，商品所有者が自分の求める使用価値の量によって，自分の持っている商品の価値を測るという主観的手続きを含んでいるので，むしろ労働価値説から独立しつつ主観価値説を包摂する側面を持っています．なお，マルクスの価値形態論の理論的重要性を指摘したのは，マルクス経済学者の宇野弘蔵（1897‐1977）です．

スは次のような等式を用いています（マルクス 1982, p. 82）.

　　リンネル 20 ヤール[3) ＝上着 1 着

この等式は，リンネル 20 ヤールの価値は上着 1 着の使用価値量で表現される，ということを意味します．左辺の商品は，その価値を右辺の商品の使用価値量によって相対的に表現されるので，「相対的価値形態」にあるといい，右辺の商品は，その使用価値量が左辺の商品の価値の大きさを測る物差しになっているので，「等価形態」にあるといいます．このような価値の表現形態を「単純な価値形態（第一形態）」と呼びます（同上書, p. 83）.

（b）展開された価値形態（第二形態）

　相対的価値形態にある商品の価値は，等価形態にある複数の種類の商品の使用価値量によって表現することが可能です（同上書, p. 106）.

　　リンネル 20 ヤール＝紅茶 10 ポンド
　　リンネル 20 ヤール＝小麦 1 クオーター
　　リンネル 20 ヤール＝コーヒー 40 ポンド

ここでは，リンネル商品の価値が，紅茶や小麦やコーヒーなど異なった商品の使用価値量によって表現されています．このように，等

---

　3)　ヤールは織物を計るときに用いる長さの単位．1 ヤールは 91 センチメートル．ドイツ語では Elle．邦訳ではエレとされることもあります．資本論翻訳委員会もエレと訳しています．本書では日本語で通用するヤールを用います．

価形態にある商品が複数である場合に成り立つ価値形態を,「展開された価値形態（第二形態)」といいます.

（c）一般的価値形態（第三形態）

　ところで，相対的価値形態にある商品種類を複数にすれば，複数の「展開された価値形態（第二形態)」が並び立つことになります. それらの中には重複して現れる等価形態が存在する可能性があります.

　　　リンネル 20 ヤール＝上着 1 着
　　　紅茶 10 ポンド＝上着 1 着
　　　小麦 1 クオーター＝上着 1 着

ここでは，上着がリンネルや紅茶や小麦に共通の等価形態として現れます[4].

　一般に，相対的価値形態にある複数の商品の「展開された価値形態」の中に，商品 X が等価形態として頻繁に現れるような場合，X以外の各商品の価値を商品 X の使用価値量で表現した単純な価値形態を集約することができます. こうして集約された価値形態を「一般的価値形態（第三形態)」といいます.

　　　商品 1（a 量）＝商品 X（x_1 量）
　　　商品 2（b 量）＝商品 X（x_2 量）

---

　4)　マルクスは，第二形態を反転させて第三形態を得る方法をとります（マルクス 1982, p.111）が，これでは相対的価値形態と等価形態とが形式的に入れ替わってしまい，両者を峻別する論理が展開できません.

商品 3（c 量）＝商品 X（x_3 量）

相対的価値形態にあるほとんどの商品は，それぞれの価値を等価形態の商品 X の使用価値量で表します．商品 X が等価形態として一般化すると，他の商品は等価形態に選ばれなくなります．このようにして，価値を表現される商品と価値を表現する商品との分極化が生じます（同上書，pp. 117-118）．

(d) 貨幣形態（第四形態）

　特定の商品が一般的等価形態に位置づけられるようになると，他の大多数の商品は相対的価値形態に位置づけられるようになります．この特定の商品はすべての他の商品と直接交換可能な地位を占めるようになります．この特定の商品が貨幣商品（同上書，p. 118）です．そして貨幣商品によって表現される価値形態を「貨幣形態（第四形態）」と呼びます．貨幣形態では，貨幣商品（たとえば金）の使用価値量（重量）によって相対的価値形態に位置する商品の価値が表現されます．たとえば，

　　　商品 N（p 量）＝金（q グラム）

(e) 価格形態

　価値を表現する貨幣商品（金や銀など）の重量名は一般的な重量単位から分離して，貨幣量を表す特別な単位になります（同上書，p. 120）．たとえば，純銀 1 トロイポンド（≒373 グラム）に相当する金貨は 1 ポンド金貨（£1），純金 2 分（＝750 ミリグラム）に相当する金貨は 1 円というように，鋳貨の重量が鋳貨名として表示されます．こうして，貨幣商品の使用価値的側面が完全に消え去ると，貨

幣形態は価格形態へと移行します．価格形態では純粋な貨幣形式の
みが残ります．

　　　商品 N（p 量）＝ £r または s 円または $t など

2.　価値の実体と物神崇拝

　さて，ここで古典派経済学の労働価値説を概観してみることにし
ましょう．古典派は，商品調達の費用をその商品の生産に要した労
働量に還元します．たとえば 2 時間労働の生産物は，1 時間労働の
生産物の 2 倍の価値があるとみなします．スミスは『国富論』で，
狩猟民族のあいだで，ビーバー 1 匹を仕留めるのに，シカ 1 頭を仕
留める労働の 2 倍が費やされているとすると，ビーバー 1 匹は当然
シカ 2 頭と交換されるべきである，と述べています（スミス 1978a,
p.80）．つまり，ビーバー 1 匹はシカ 2 頭に値することになります．
ただし，高次財を使って低次財を生産するような場合には，最終生
産物の価値には，一次財の生産に要した労働時間のみならず，高次
財の生産に要した労働時間すべてが含まれます．パンという商品に
は，小麦粉をこねて焼くだけでなく，小麦を生産する労働や，投入
エネルギーの生産労働も含まれます．そこで，古典派によれば，商
品交換は等労働量交換ということになります．
　しかし，資本主義社会では商品価格は決してその商品を生産する
のに要した労働時間を表しません．第 1 節で確認したように，価値
形態という回り道をして初めて商品は自らの価値を表現することに
なるのです．したがって，個々人の私的な労働は，商品交換を通し
て初めて社会的に意味のある労働として現れ，他人の労働と同等な
人間労働，すなわち抽象的人間労働として現れます．それゆえ，資

本主義社会では，人々の相互依存関係は，個々人の労働が社会的に
必要な労働の一部を構成しているという直接的な表現では示されず，
労働生産物同士が商品として向き合うことによって社会関係を取り
結ぶ，という迂回的な方法によって示されるほかないのです（マル
クス 1982, pp. 124-125）．

　人間同士の関係が，物と物との関係によって置き換えられ，人間
の労働の社会的性格が，商品同士の間で結ばれる価値関係によって
置き換えられる現象は，商品世界に特有です．これを，物象化とい
います[5]．物象化に絡めとられると，抽象的人間労働が商品交換に
先立って商品に内在する価値の実体として捉えられ，それが商品を
相互に引き付ける引力であるかのように考えるようになります．こ
のような思考パターンには，商品に固有の物神崇拝（＝フェティシ
ズム，fetishism）すなわち商品物神が宿っています．

　マルクスは物神崇拝について次のように述べています．

　　　物神崇拝とは，人間の頭脳の産物が，それ自身の生命を与えら
　　　れて，相互のあいだでも人間とのあいだでも関係を結ぶ自立的
　　　姿態のように見えること．商品世界では人間の手の生産物がそ
　　　のように見える（同上書, p. 124）．

　商品物神に支配されると，商品自体におのずから価値が内在し，
それが人間の交換性向を呼び起こし，人々を商品交換に向かわせる
力となって作用する，と考えざるをえません．スミスの交換神話は
まさに商品物神に支配された思考形式を表しています．さらに，第
1節の（d）でみたように，特定の商品に貨幣形態が与えられるよ

　5）　物象化については廣松（1983）を参照のこと．

うになると，商品物神は貨幣物神に転化します（同上書，p. 159）．すなわち，貨幣には生まれながらに価値が内在し，それが貨幣の購買力として現れる，との思考が人々を支配することになります．

3. 貨幣

商品世界に現れる貨幣の機能について以下概観します．

（a）価値尺度

金のような特定の商品が一般的等価形態の地位を独占して貨幣形態になると，貨幣は商品の価値を表示する一般的手段として価値尺度機能を果たします（マルクス 1982，p. 160）．ただし，貨幣は最初に商品所有者による主観的な価値表現を行い，繰り返しの売買を通して慣習的な価値水準を表示することになります．

（b）流通手段

貨幣は商品交換を媒介する手段として機能します．販売目的の商品を W_1，貨幣を G，購買対象の商品を W_2 で表すと，商品 W_1 の所有者にとって商品交換の基本形は，$W_1 - G - W_2$ となります．より詳しく見ると，この過程の前半は販売 $W_1 - G$，そして後半は購買 $G - W_2$ です．販売過程 $W_1 - G$ は商品所有者にとっては「命がけの飛躍」（同上書，p. 180）を意味しています．買い手が見つかるまでは商品を手放すことができませんから，商品所有者は大きなリスクを負っていることになります．他方，購買過程 $G - W_2$ においては，貨幣は購買手段として機能します．いつでも好きな時にどんな商品でも買うことができる，という意味で，貨幣所有者は商品交換において主導権を握っていると言えます．

　さて，商品交換過程 $W_1 - G - W_2$ の全体を通してみると，最終的に商品 W_1 が商品 W_2 へと姿態変換したことになり，$W_1 - W_2$ だけが結果として残ります．商品の姿態変換を媒介した貨幣は結果において消滅しています．その代わり，貨幣は一つ一つの商品の姿態変換を媒介しながら，たえず商品交換が行われる現場，すなわち市場において流通し続けます．

　こうして，貨幣は切れ目なく続く商品交換の媒介者として，流通手段という機能を受け取ることになります．流通手段としての貨幣は，活動を続ける貨幣（active money）あるいは，流通する貨幣（current money），略して通貨（currency）と呼ばれます．

（c）蓄蔵貨幣

　ところで，いつでも好きな時にどんな商品でも買うことができるという購買手段としての貨幣の特徴は，貨幣所有者においては，さしあたり商品を購買するために必要ではない貨幣を，準備金として手元に置いておくという行為を誘発します．このような準備金は，価格の突然の変動のために追加的に必要となる資金，あるいは急遽必要になった商品を購買するための資金として役立てられます．こうして商品の販売過程 $W_1 - G$ が独立して現れ，貨幣は市場から退いて遊休することになります．遊休している貨幣（idle money）は，いつでも出動可能な絶対的社会的形態，すなわち蓄蔵手段として機能します．

　なお，蓄蔵貨幣は個々の貨幣所有者にとっては，蓄蔵手段としての意味がありますが，市場全体にとっては，通貨流通量の調整弁として機能するという意味があります（同上書，p. 227）．

（d）支払い手段

　さて，商品交換の展開と共に，商品の譲渡と価格の実現（貨幣の支払い）が時間的に分離する諸関係が展開します．ここで債権・債務関係が形成されることになります．債務の決済のために必要となる貨幣が支払い手段です．支払い手段としての貨幣は，債務の決済日までは債務者の手元で遊休しますから，形態のうえでは，支払い手段としての貨幣は蓄蔵貨幣と区別がつかないことになります．商品交換の発展とともに，蓄蔵貨幣に占める支払い手段の割合が増加していきます（同上書，p. 241）．

（e）世界貨幣

　ところで，（b）流通手段のところで確認したように，通貨は，流通手段に特化した貨幣ですから，それ自体が商品として消費されることはありません．したがって，特定の市場の中を流通する限りにおいて，じつは通貨の素材は何でも構いません．使いやすければ，紙切れであっても電子記号であっても構わないのです．このような貨幣の代替物を一般に名目貨幣（fiat money）と言います．名目貨幣は市場が認める限り流通可能です．

　しかし，商品世界では，特定地域の名目貨幣を受け付けないところがあります．このような市場で取引する場合には，広い地域で通用する本来の商品貨幣（金銀など）が用いられることになります．このような貨幣のことを世界貨幣と言います（同上書，p. 242）．

　商人たちは，世界貨幣に象徴される商品貨幣を元手にして，時間的・空間的に現れる価格差を利用し利潤追求をします．その延長上に資本家的生産様式が展開します．この問題の検討は次章で行います．

4．現代貨幣の起源

　貨幣の進化として通俗的に受け入れられてきたのは，物品貨幣か
ら貴金属貨幣へ，そして紙幣へという進化説です．民俗学者ハイン
リッヒ・シュルツは『貨幣発生史要論』（Schurtz 1898）において，
このような通俗的進化説を批判しました[6]．

　シュルツによれば，貨幣概念は二つの異なる発生原因を持ってい
ます．一つは，部族内部の操作において富の基礎および価値の基準
として用いられるもの，したがって社会的な目的を有するものです．
他は，交換手段であり，部族の間を流通し，最終的には一般的に受
容される商品となるもの，すなわち一種の貨幣となるものです．こ
の二つは全く異なるものです．シュルツは前者を「内部貨幣」，後
者を「外部貨幣」と名づけました．

　シュルツは，最初に内部貨幣になったのは，土地のような不動産
や食料品などの使用価値を持った対象物ではなく，装飾品のように
直接的な使用価値を持たない代わりに，精神的・宗教的な性質を持
ち，共同体の内部においてその価値が認められる対象物であると言
います．他方でシュルツは，外部貨幣の起源を対外交易で取引され
る商品に求めています．贈与の対象物として頻繁に交換される商品
が，交換手段としての機能を帯びるようになると言うのです．商品
としての価値は，その使用価値に基づいています．部族外の多くの
人々にとって共通に求められる使用価値は，それだけ客観的に価値
を認められるということでもあります．社会的な価値をすべてそぎ
落としたところに残る客観的な価値の担い手として，交換手段とし

　6）　シュルツの貨幣論については Maruyama（1988）を参照．

ての外部貨幣は成立します.

　ところで，現代貨幣の起源について，シュルツは，次のように考えます. 貨幣の発展史において，外部貨幣が共同体の内部に浸透して，そこで内部貨幣と共存する可能性はありましたが，現実には，外部貨幣による内部貨幣の追放，そして外部貨幣による内部貨幣の機能の吸収という経過をたどり，結果として外部貨幣の性質を基本とした現代貨幣が生まれた，ということです. 本書第II部で扱う貨幣は，このような意味での外部貨幣を起源に持つ現代貨幣に限定され，貨幣のすべてを含むものではないことにここで注意しておきましょう.

　なお，ポランニーは内部貨幣と外部貨幣との対比を，特殊目的貨幣と全目的貨幣との対比に置き換えました. 特殊目的貨幣は，商品世界の貨幣が持つ機能のうち一部を担うものであるのに対し，全目的貨幣は商品世界の貨幣のすべての機能を併せ持つものです. シュルツの対比では，内部貨幣＝特殊目的貨幣のようにみなされてしまいがちですが，ポランニーは，実際にはトロブリアンド諸島のクラ交易で使用されるヴァイグアのようにコミュニティの間を流通する外部貨幣でも，特殊目的貨幣として機能していたことを重視しました. また，商品世界（ポランニーは市場社会と呼んでいる）が特殊歴史的存在に過ぎないという視点に立てば，ポスト商品世界の貨幣は，全目的貨幣としての現代貨幣に代わって様々な種類の特殊目的貨幣が生まれてくると考えることが可能です[7].

---

　7)　ポランニーは両大戦間期のドイツ・マルクについて，次のように言及しています. 「ナチス・ドイツにはじまる20世紀の第二・四半紀以来，『現代』貨幣は不統一への回帰という傾向をはっきりと示しはじめている. ヒトラー治下では，六種類の『マルク』が流通しその一つ一つが特定の異なる目的に限定されたのである」（ポランニー 2003, pp.88-89）.

5．まとめ

　商品交換は，共同体と共同体の間で始まりました．いわば社会的な拘束を受けない自由な商品世界で商品交換は展開します．本章では商品価値の形態に着目して，そこから貨幣形態への論理的展開の過程を追跡しました．そして最後に，世界貨幣に象徴される外部貨幣が，共同体の内部に浸透することにより，外部貨幣とは全く異なった論理で流通する内部貨幣が次第に駆逐されていくことを確認しました．このようにして，共同体の枠組みは崩壊し，商品世界を土台として資本主義社会が立ち上がっていくことになります．

第6章　資本

―― 自己増殖する価値の運動体

　古代や中世の世界では，穀物やその他の蓄積が可能な生活必需品の供給量が，季節の変動や気候不順などで減少する場合，国や共同体が備蓄しておいた必需品を国民や共同体成員に再分配することが行われました．また，古代ギリシアに見られたように，穀物を遠方から取り寄せる場合，輸入業者は国の公務員として遠隔地交易の任務にあたりました．このような非市場社会では，商人が自由に活躍できる場面は限られていました．

　他方，商品世界では経済活動への国や共同体の介入が想定されていないので，生活必需品の供給量の季節や地域による変動は，商品価格の変動となって現れます．したがって，このような状況下では，時間的・地域的な価格の差異を利用して，商品を安く買って高く売る商人の活動が可能になります．商品所有者たちが相互に欲望を満たすために貨幣を媒介にして商品交換を行うことを単純な商品流通[1]とするなら，商人が商品所有者たちの間に介入して商品交換を

---

1)　マルクスは，「単純な商品流通 ―― 購買のための販売 ―― は，流通の外にある究極目的，すなわち使用価値の取得，欲求の充足，のための手段として役立つ」と述べています（マルクス 1983a, p.259）.

媒介することを商業流通と呼ぶことができます．いわば，商人たち
は単純な商品流通に存在する価格差を利用して商業流通を展開し，
商品世界で支配的地位を占めることになるわけです．本章ではこの
ような商人が資本の代理人として資本家になり，資本の価値増殖の
ために，労働力商品を生産的に消費して商品生産を行う過程を分析
します．

1. 貨幣の資本への転化

商人にとって貨幣は元手として機能します．貨幣は，商品の購買
手段として，たえず商人の手元から離れてゆきます．しかし，他方
では商品の販売によって，再び商人の手元に戻ってきます．しかも，
元手に利潤を付加しただけの貨幣が戻ってきます．このような貨幣
の流通は G－W－G′ 形式で表現することができます．ただし，G
は貨幣，W は商品，G′ は G＋⊿G（⊿G は G の増殖分）です．マル
クスも指摘するように，この貨幣の運動の終わりには，貨幣が再び
運動の始まりとして出てきます（マルクス 1983a，p.259）．こうして，
貨幣は商業流通を繰り返し経ることによって無限の自己増殖が可能
になります．ここにおいて，まさに自己増殖する価値の運動体とし
ての資本が姿を現します[2]．マルクスは「この運動の意識的な担い
手として，貨幣所有者は資本家になる」（同上書，p.260）と言って
いますが，ここでは商人がこのような貨幣所有者として資本家にな
ると言っていいでしょう．

---

2) 「資本としての貨幣の流通は自己目的である．というのは，価値の増殖は，
　この絶えず更新される運動の内部にのみ実存するからである．それゆえ，資
　本の運動には際限がない」（マルクス 1983a，p.259）．

　さて，先ほど商人は商業流通によって商品世界で支配的地位を占めると説明しましたが，単純な商品流通で生じる価格差に対しては相対的に受動的位置を脱することができません．なぜなら，商人は流通世界にとどまっており，そこに存在する商品の移動または貯蔵しか行うことができないからです．資本家としての商人は，価格差のより積極的な創出のために，自ら商品生産に介入することが必要です．第 3 章第 1 節で見たように，商品生産者たちに生産手段を貸し付け手間賃を払って生産物を受け取る問屋制家内工業や，また，作業場と生産手段を準備し職人を集めてそこで働かせる工場制手工業を展開することによって，商人は資本家として商品生産の領域に介入して，価格差の創出のために自由度を増やします．

　商品生産を価値増殖の手段として位置づける資本家は，家内工業や手工業の水準を大きく超える生産力を必要とします．そのためには，資本家の指示通りに働く大量の労働者を必要とし，大量の商品を効率的に生み出す工場を必要とします．前者に対しては，第 3 章第 4 節で言及したように，第二次土地囲い込みで生じた無産労働者の群れ，すなわち，自らの労働力を商品として売る以外に何らの財産も持たない「自由な労働者」の群れが応じます．また，後者に対しては，産業革命によってもたらされた蒸気機関や紡績機械などによって構成された機械設備が応じます．

2．労働力商品

　資本家が商品の生産過程を支配するためには，資本家の意に沿って何でも作れる労働力を入手する必要があります．そこで資本家は，労働市場で労働力商品を購入します．すなわち，資本家は労働力の所有者である労働者に対し，一定期間の労働力の使用価値の対価を

賃金という形で支払い，労働者を工場の中に招き入れます．

　ここで，あらためて労働力についてのマルクスの定義を見ておくことにしましょう．

　　　われわれが労働力または労働能力と言うのは，人間の肉体，生きた人格性のうちに実存していて，彼がなんらかの種類の使用価値を生産するそのたびごとに運動させる，肉体的および精神的能力の総体のことである（マルクス 1983a, p.286）．

　マルクスは労働力をこのように捉え，商品としての労働力の価値について，「労働力の価値は，労働力の所有者の維持に必要な生活諸手段の価値である」（同上書, p.292）と言います．さらに，マルクスは労働力の担い手が継続的に補充される条件を，次のように説明します．

　　　労働力の所有者は死をまぬがれない．……心身消耗と死亡とによって市場から奪い取られた労働力は，少なくとも同数の新たな労働力によって絶えず補充されなければならない．したがって，労働力の生産に必要な生活手段の総額は，補充人員すなわち労働者の子供たちの生活諸手段をも含むものであり，こうしてこの独自な商品所有者の"種族"が商品市場で自己を永久化するのである（同上書, p.293）．

　以上，マルクスが述べるように，労働力の価値は次世代の育成を含めた労働者の生活手段の額によって測られることが明らかです．

　ところで，資本家的商品生産においては，生産する商品の目的を決定し，その目的に合致した形を決めるのは企業経営者としての資

本家の仕事です．資本家は自らそれを行うか，あるいは，デザイナーや技術者などの専門知識を要請します．そのうえで，原材料や燃料を購入し，資本家所有の機械と雇用労働力を消費することによって，商品を生産します．そして，商品が市場で正当に評価され販売されるように市場調査員を雇い，実際に販売を完了します．

　この時の商品の販売価格から原材料と燃料の価格を費用として差し引いたものが付加価値です．一般に，付加価値はその生成に貢献したとみなされる諸要素に分配されることになります．具体的には，資本家自身の経営能力に対する報酬と，生産要素としての土地，労働，貨幣の所有者に対して支払われる地代，賃金，利子がその内訳になります．資本家は，原材料や燃料の節約を図るのみならず，付加価値における資本家の取り分の最大化を求めて，資本家以外の分配分，すなわち，地代，賃金，利子を圧縮し節約しようと図ることになります．

　ここで，土地や貨幣の所有者と労働者との間に存在する違いを明らかにしておきましょう．地代や利子は，生産された商品が販売されれば，その代金に含まれる付加価値部分から支払うことができます．ところが，労働者は生産が継続されているあいだも，生きてゆかねばなりません．したがって，生産開始と同時に生活費としての賃金を受け取ることが必要です．そこで，資本家はあらかじめ賃金に相当する価値額を資本として準備し，これを労働者に前貸しし，やがて実現された付加価値からそれを回収することになるのです．

　資本家の視点からすれば，賃金は投下資本の一部であり，付加価値から賃金部分を引いた価値は，投下資本の増殖分に該当することになります．したがって，資本家が資本価値の増殖分を剰余価値と捉えることは，ごく自然な成り行きです．資本家にとっては，投下資本を節約していかに多くの剰余価値を獲得するかが最大の関心事

です.

　さて，マルクスは賃金部分を除いた投下資本を不変資本と呼び，賃金部分を可変資本と名づけています．不変資本は，原材料や燃料のようにそれらを購入した費用がそのまま，生産された新しい商品に移転されることを意味するのに対し，可変資本は，労働力の消費によって生み出された価値が元の労働力の価値を超過していることを意味します．したがって，可変資本という概念は，付加価値が労働力の消費によって生産されたことを表現するものに他なりません．このような可変資本概念は，古典派経済学でも新古典派経済学でも用いられておらず，マルクス独自のものです．資本家はもちろん可変資本概念を認めませんが，資本が労働力の消費によって価値増殖を行う過程を分析するためには，きわめて有効な概念です．

3. 機械装置と大工業

　さて，産業資本家は，可変資本に投下する貨幣を節約（つまり，付加価値に占める賃金部分を圧縮）し剰余価値部分を拡大するために，様々な工夫を行います．機械装置を用いた労働者の搾取はその重要な部分を占めています．

　産業資本家は，生産効率の向上によって製品コストを下げ，大量生産と大量販売を目指します．そのためには，大規模な機械装置が必要になります．機械装置は，人間の手に代わって作業をする作業機，作業機に動力を伝える伝動装置，そして動力を生み出す動力機から成り立っています．機械装置の導入によって，作業の標準化，製品の均一化，作業スピードの飛躍的上昇，大量生産が可能になります．たとえば，手作りの絨毯は一つ一つがオリジナルの作品となり，完成までに時間がかかりますが，機械生産では大量の複製品が

短時間でできます．また，労働者は，直接作業をする代わりに機械の監視，調整，清掃など，誰にでもできる単純労働をするようになります．高賃金の熟練労働者の代わりに，低賃金の単純労働者を雇用することで，労働力の大幅な節約も可能になります．

機械装置は，一見，人間の労働を軽減するのに役立つように見えますが，資本家が使用する場合は，労働力をより効果的に消費するための手段となります．すなわち，単純な労働を長時間行わせることで，できるだけ多くの剰余価値を引き出そうとします．必要労働時間を超えて剰余労働時間を延長することによって剰余価値を生産することを，絶対的剰余価値の生産と言います[3]．ここで，必要労働時間とは，賃金部分の価値を生産するのに要する労働時間，剰余労働時間とはそれ以外の労働時間のことを意味します．

必要労働時間と剰余労働時間を合計したものを労働日と呼びます．絶対的剰余価値の生産は，労働日を延長することによって行われます．産業革命期のイギリスでは，18世紀の最後の3分の1から19世紀の最初の3分の1にかけて，大工業の展開により，強力で無制限に近い労働日の延長が行われました．1833年に成立した工場法では，成年の労働を15時間に，18歳までの少年労働を12時間に，そして13歳までの児童労働を8時間に短縮することを定めました（マルクス 1983a, pp. 480-482）．このように，絶対的剰余価値の生産は最終的に，労働者の生存を脅かさない範囲内に限定されることになります．

機械装置における新技術の導入は，生産単価の引き下げにより，労働者の賃金の低下につながります．すなわち，賃金財生産部門に

---

3) マルクス『資本論』第1巻第3篇「絶対的剰余価値の生産」（マルクス 1983a, pp. 303-543）参照.

おける技術革新によって賃金財一単位あたりの生産に必要な時間が短縮されると，労働力の価値もその分だけ安くなります．そこで，労働日の長さを変えることなく，必要労働時間と剰余労働時間の比率を，後者が長くなるように変更することができます．このような方法で剰余価値の追加的生産を行うことを，相対的剰余価値の生産と言います[4]．技術革新が続く限り，相対的剰余価値の生産は可能です．なお，ベルトコンベアーのスピードを上げることで労働強化を図る場合も相対的剰余価値の生産が可能ですが，こちらは労働者の消耗が激しいので，絶対的剰余価値の生産の場合と同様，生理的限界の範囲内にとどめられます．

4.　剰余価値の資本への転化

資本は，最初に投資されるときには貨幣形態で現れます．他方，付加価値の一部としての剰余価値は総生産物の価値の一部として存在しています．総生産物が売られて貨幣に転化すると，資本はその最初の形態を獲得しますが，剰余価値は初めて貨幣形態を獲得することになります．この瞬間から「資本価値と剰余価値はどちらも貨幣額であり，資本へのそれらの再転化は全く同じ仕方で行なわれる」ことになります（マルクス 1983c, p. 994）．

ところで，剰余価値から新たに資本に転化した価値部分を，実際に資本として機能させるには追加的労働力が必要となります．これについても，資本家的生産様式はあらかじめ対応ずみです．なぜなら，資本家的生産の機構は「労働者階級を労賃に依存する階級とし

---

4)　マルクス『資本論』第 1 巻第 4 篇「相対的剰余価値の生産」（マルクス 1983b, pp. 545-870）参照．

て再生産するが，彼らの普通の賃金は，彼らの生活維持ばかりでなく彼らの増殖をも十分保証するのに足りる」（同上書，p. 996）からです．「資本は，労働者階級によって年々いろいろな年齢で供給されるこの追加労働力を，年生産の中にすでに含まれている追加的生産手段に合体しさえすればよいのであり，それで剰余価値の資本への転化は完了」（同上書）します．

　資本が生産活動に行う時に予め用意していなければならないのは，基本的に生産手段と労働力を購買するための貨幣です．ここでは話を単純化して，生産手段の価値を c および労働力の価値を v で表すことにすると，技術革新による生産性の向上に伴って，生産手段と労働力の価値の比率（c/v）は大きくなります．これを資本の有機的構成の高度化と言います（マルクスは c/（c + v）という別の表現も採用しています）．それに伴い，資本規模に占める労働力の比率は低下します．すなわち，資本蓄積と共に必要となる追加労働への需要が，資本規模の増大ほどには増えないことになります（同上書，p. 1082）．

　資本の有機的構成が高度化した部門から絶えず排出される余剰労働力が失業者になります．このようにして発生する失業者を相対的過剰人口（または産業予備軍）と呼びます．この相対的過剰人口は，追加労働を求める資本に供給されることになります．マルクスは言います．「過剰労働者人口が，蓄積の……必然的な産物であるとすれば，この過剰人口は逆に，……あたかも資本が自分自身の費用によって飼育でもしたかのようにまったく絶対的に資本に所属する，自由に処分できる，産業予備軍を形成する」（同上書，p. 1087）．

　剰余価値を資本に転化することで，資本はその規模を大きくし，資本蓄積を進めていきます．資本は賃金の支払いを通して，労働者に次世代労働力の生産を促し，追加的労働力を確保しようとします．

さらには，資本の有機的構成の高度化した部門からあふれ出る相対的過剰人口を産業予備軍として，追加的労働力を必要とする資本のために準備します．このように，資本の蓄積にともなう追加的労働力の要請に対して，資本家的生産様式は，二段構えの方法で応じます．

5. 家事労働と「女性の囲い込み」

人間の欲望を充足するためには財の生産が必要不可欠です．しかし，欲望を充足する行為そのものに着目してみると，それは第一次財を消費する過程にほかなりません．この活動は一般に家事労働として捉えられます．その一部は，家事サービスや福祉サービスに代替することができますが，人々が家事労働に割く時間をゼロにすることはできません．

資本家的生産様式においては，家事労働は賃労働の担い手としての労働者の日々の労働力を再生産することを意味しています．しかも，資本家的生産様式が将来的に持続可能であるためには，次の世代の労働力の確保が必要になります．したがって，家事労働は女性の出産という活動を含んでいます．

ところで，これまで経済学では，家事労働（英語では労働 labor という言葉には出産・分娩が含まれます）をどのように扱ってきたのでしょうか．

アダム・スミスは，「労働には，それが投じられる対象の価値を増加する種類のものと，そのような効果を生じないもう一つの種類のものとがある」（スミス 1978a，pp. 515-516）と言って，「前者は，価値を生産するものであるから，これを生産的労働とよび，後者はこれを不生産的労働とよんでさしつかえない」（同上書，p. 516）と

述べています.

　　　たとえば製造工の労働は，一般に，かれが加工する材料の価値
　　　に，自分自身の生活維持費の価値と雇主の利潤の価値とを付け
　　　加える. これに反して，家事使用人の労働は，いかなる価値を
　　　も付け加えない (同上書).

　　　人は，多数の製造工を雇用することによって富むが，多数の家
　　　事使用人を維持することによって貧しくなる. もとよりこの後
　　　者の労働にも価値があり，前者のそれと同じようにその報酬を
　　　受けるべきものであることは当然である (同上書).

　スミスのこの叙述は極めて重要です. つまり，家事使用人の労働
すなわち家事労働は付加価値を生まないが，家事労働そのものには
価値があると認めているのです. ただし，家事労働が価値をもつの
は，それが家事使用人という労働者が彼または彼女の雇主のもとで
労働する限りでのことなのです.
　資本家的生産様式が本格化する 19 世紀イギリスにおいて，家事
労働の多くは家事使用人が担っていました. ただし，貧しい労働者
家庭では，夫婦も子供も賃労働に従事しており，家はねぐら同然で
あり，実質的な家事労働は行われていませんでした. マルクスの
『資本論』には 1861 年の人口調査が引用されています. それによる
と，イングランドとウェールズの人口構成は次のようになっていま
す (マルクス 1983b, pp.770-772).

総人口………20,066,224 人

　男性………9,776,259 人

　女性………10,289,965 人

労働者人口………約 8,000,000 人

　農業労働者………1,098,261 人

　軽工業（繊維・機械編み業）………642,607 人

　炭鉱・鉱山………565,835 人

　重工業（金属）………396,998 人

　家事使用人………1,208,648 人

ちなみに，マルクスは次のように述べています．

　　大工業の諸領域で異常に高められた生産力は，他のすべての生
　　産部面における内包的，外延的に高められた労働力搾取に伴わ
　　れて，労働者階級のますます大きい部分を，不生産的に使用す
　　ることを可能にし，かくして，ことに昔の家内奴隷を下男，下
　　女，従者のような「僕婢階級」の名のもとに，ますます大量に
　　再生産することを可能にする（マルクス 1983b, p.771）．

　19 世紀後半のイギリスは，いわゆるヴィクトリア時代の最盛期
で，ブルジョア文化が次第に労働者家庭にも浸透し，余裕のある家
では，時間決めで家事使用人を雇っていました．しかし，次第に人
件費が高くつくようになり，家事労働の機械化が求められるように
なりました．20 世紀になると，家事労働の機械化はアメリカで本
格的になりました．アメリカでは，人々の消費意欲をそそる商品，
しかも，持家や自動車のような耐久消費財の生産がさかんになり，
それに関連して様々な消費財が生産されるようになりました．それ

にともなって，消費財を消費する労働もまた増加しました．家事労働の機械化は，家事労働そのものを節約するのではなく，むしろ家事の種類を増やし，家事労働総量を増やす結果をもたらしました．

このような変化にともなって，家事労働の専業化が求められるようになりました[5]．すなわち，近代家族の制度化が資本家的生産様式のもとで行われるようになります．近代家族では，夫は家の外で賃金を稼ぐ賃労働者の役割をはたし，妻は家の中で専業主婦として家事労働を無償で行うことになりました．専業主婦は，家族構成員一人一人の日々の欲望を充足するために必要な消費行為を行うだけではなく，次世代の労働力を生産するための出産を行うことが求められています．

19 世紀には，家事使用人を賃金を払って雇い入れていたのに，20 世紀には，専業主婦が無報酬で出産を含むすべての家事労働を担当します．資本家的生産様式が成立するに当たり，賃労働者を確保するために土地の囲い込みが必要であったのと同様に，賃労働者を再生産するためには，女性を近代家族の中に囲い込むことが必要とされたのです．

古代ギリシア以来中世ヨーロッパを通して，オイコスないし「全き家」の女主人としての地位と尊厳を維持してきた女性は，資本家的生産様式によって経済的性差別の世界に放り込まれたのです．この「女性の囲い込み」の結果，家事労働はもはやスミスの言う「不生産的労働」ですらなく，「労働」一般の範疇から除外されてしまうことになりました．

ところで，家事労働は，労働力の生成・更新を行うものですから，生産要素としての労働力を必要とする資本にとって欠かすことので

---

5)　ドゥーデン・ヴェールホーフ（1986）参照．

きない根源的要素です．したがって，女性の社会進出が促進されると，一方で専業主婦という家事労働の担い手が稀少化し，他方で労働市場から押し出される産業予備軍が増加します．こうした状況のもとでは，労働者は自らの労働力の再生産に要する家事労働だけでなく労働市場にとどまるための様々な無償労働を行わねばならなくなります．このような無償労働を，家事労働と合わせてシャドウ・ワークと呼びます[6]．資本家的生産様式は，シャドウ・ワークの制度化によって，自ら確立した人口法則を背後から補強することになるのです．

6．まとめ

　共同体と共同体のあいだに成立した商品世界は，自己増殖する価値の運動体としての資本の温床です．資本は，商品世界に存在する時間的・空間的な価格差を利用し，利潤を追求します．商品世界が共同体の枠組みを乗り越えてその内部に浸透するにしたがって，資本は価値を生産する商品としての労働力を見出し，それを機械制大工業において消費します．その結果，新たに生み出される価値の中から資本の増殖分としての剰余価値を取り出します．資本の代理人としての資本家たちは，この仕組みを持続可能なものにするために，資本主義に特有な人口法則およびシャドウ・ワークによって支えられた資本家的生産様式をさらに推進しようと図ります．

6）　イリイチ（2006）参照．

第7章　再生産
―― 経済成長の出発点

　資本は，貨幣資本，生産資本，商品資本とその姿態を転換させな
がら，剰余価値生産を遂行します．姿態転換が一巡して元の姿態に
戻ることを資本の循環といいます．循環の出発点に何が来るかによ
って，貨幣資本，生産資本，商品資本の三つの循環パターンが成り
立ちます．貨幣資本の循環は剰余価値が貨幣の姿で現れる過程，生
産資本の循環は剰余価値生産の物的前提が再生される過程，商品資
本の循環は資本が社会の必要とする商品，すなわち，労働者にとっ
ての生活必需品，商品の生産過程にとっての原材料，資本家の個人
的生活にとっての奢侈品などを提供する過程を表しています．資本
は循環を繰り返すこと，つまり回転によって剰余価値生産の物的基
盤を確固たるものにし，社会が必要とする物資を商品として提供す
ることによって，人間の経済を支配します．

　商品資本の循環は，資本の再生産の問題を扱う場合に重要な意味
を持ちます．具体的には，一社会の資本が総体として，どれだけの
生産財を市場に供給し，またどれだけの消費財を供給すれば，社会
全体の経済を維持し再生産することができるかという問題です．こ
の問題は再生産規模が一定不変の単純再生産の場合と，規模が拡大
し続ける拡大再生産の場合とに分けて考えることができます．

1. 資本循環

資本と人間の経済とのあいだに成り立つ関係を明らかにし，前者が後者を支配する過程を分析するためには，資本の循環という視点が必要です．

（a）貨幣資本の循環

資本の運動は，ひとまず貨幣資本の循環として捉えることができます．貨幣資本とは貨幣形態の資本です．工場や機械のような固定資本がすでに用意されているものと前提しておくと，貨幣形態の資本は流動資本として流通過程を通して商品形態に姿を変えます．ここでは，流動資本として便宜的に原材料と労働力を想定しておきます．これらの流動資本は，生産過程においては現物形態の生産資本になります．そして生産過程の最後に商品形態に姿を変えて，最後に流通過程において再び貨幣形態の資本に戻ります．貨幣資本の循環は次の形式で表現されます．

$$G - W \cdots P \cdots W' - G'$$

（ただし，Wは商品としての原材料と労働力です．Pは生産過程にある現物資本です．W′は生産された商品です．G′はG＋⊿Gです．）

貨幣資本の循環形式は，貨幣形態をとる資本が生産過程を挟んで再び貨幣形態に復帰するまでを示しています．しかも生産過程に投資された貨幣が増殖して貨幣所有者の手に戻ることを意味しています．したがって，「価値の貨幣形態が手でつかみうる自立的な価値

の現象形態であるからこそ，その出発点および終結点が現実の貨幣
である流通形態 G・・・G′ は，金儲け，すなわち資本家的生産の
推進的動機を，もっとも明白に表す」(マルクス 1984，p.90) ことに
なります．人間の経済においては欲望充足のための手段として財の
生産が行われるのですが，資本にとっては，「生産過程は……前貸
価値の増殖のための単なる手段として現れ，したがって致富そのも
のが生産の自己目的として現れる」(同上書，p.91) のです．

(b) 生産資本の循環

　資本の運動は，生産資本の循環としてもとらえることができます．
生産資本は，生産過程において存在する現物形態での資本のことで
す．ここでも，とりあえず固定資本がすでに準備されているものと
仮定して，流動資本の動きに注目します．現物形態で始まる資本の
循環は，製品の販売と次の循環を始めるための原材料と労働力の調
達を終えたところで完了します．資本は再び現物形態で存在してい
ます．生産資本の循環は次の形式で表現されます．

$$P \cdot \cdot \cdot W' - G' - W \cdot \cdot \cdot P$$

　生産資本の循環形式は，現物形態をとる資本が商品の流通過程を
挟んで再び現物形態に復帰するまでを示しています．生産資本は，
生産手段と労働力から成り立っているので，それらは商品の生産に
用いられるのでなければ意味がありません．

　資本が当初の現物形態に復帰するためには，流通過程において，
商品を販売して労働力と生産手段を新たに購買することができなけ
ればなりません．つまり，生産資本の循環は，資本による商品の生
産が市場における商品交換に全面的に依存していることを示してい

ます.

　また，資本の回転という観点から生産資本の循環形式を捉えると，循環の結果は現物形態の資本，すなわち生産手段と労働力であり，この両者は資本家のもとで結合して生産を行うことで初めて意味を持ちますので，生産資本の循環形式は，必然的に次の循環を予定するものとみなすことができます．すなわち，生産資本の循環は回転を継続する資本の 1 コマに過ぎません．しかも，循環の出発点の P と終点の P の大きさを比べてみると，1 回転で生産の規模が拡大したかどうかを現物レベルで確認することができます．

（c）商品資本の循環

　資本の運動は，商品資本の循環としても捉えることができます．商品資本は商品形態の資本のことですが，ここで注意したいのは，商品資本は，原材料や労働力のことではなく，販売するために生産された製品のことです．商品形態から出発する資本循環は，商品の販売と原材料および労働力の購買を経て，製品を生産し終えたところ，すなわち次の販売のための商品生産を成し遂げたところで完了します．商品資本の循環は次の形式で表現されます．

$$W' - G' - W \cdot \cdot \cdot P \cdot \cdot \cdot W'$$

　商品資本の循環形式は，貨幣資本や生産資本の循環とは少し違う意味を持っています．確かに商品資本の循環も，資本循環の一形式として，商品形態としての生産物から出発し，流通過程と生産過程を挟んでふたたび商品形態に復帰するまでを示しています．ところが，細かく見ていくと，出発点の商品には，商品形態をとった剰余価値に相当するものが含まれています．資本規模が一定のままの単

純再生産の場合は，剰余価値は資本家の収入に転化したあと，最終的に消費されてしまうので，資本循環には残りません．資本家は生産物を売ることによって，生産手段と労働力を購買するだけでなく，収入として消費される商品を購買します．この資本家によって購買される商品には，衣食住に必要な生活必需品だけでなく，宝石や絵画などの贅沢品も含まれます．ここでは，資本家は生活必需品も含めて高級ブランド物を購買するものと仮定して，資本家の消費する財をまとめて奢侈財として扱うことにします．

　商品資本の循環形式は，直接的には，資本家のもとで生産された商品が，生産に必要な生産手段，労働力再生産に必要な生活必需品，および資本家のための奢侈財と市場で交換されることを表しています．他方で，この循環形式は，社会に存在する資本家たちが，生産手段，生活必需品，奢侈財のいずれかを商品として生産しており，それらを市場で過不足なく供給していることを示唆しています．

(d) 循環過程の三つの形式

　すでに発展した資本家的生産様式の時代には，生産諸手段を構成する諸商品の一大部分は，「それ自身，機能している他人の商品資本」（マルクス 1984, p.172）であると言うことができますが，「しかし，絶対にこのことがあてはまるわけではない」（同上書）として，マルクスは次のような指摘を行います．

　　その逆である．産業資本が貨幣としてあるいは商品として機能するその流通過程の内部では，産業資本の循環は，貨幣資本としてであれ商品資本としてであれ，きわめてさまざまな社会的生産様式……の商品流通と交錯する（同上書）．

産業資本の流通過程を特徴づけるものは，諸商品の由来の多方面的性格であり，世界市場としての市場の定在である．他国の商品について言えることは，他国の貨幣についても言える．商品資本が他国の貨幣に対して商品としてのみ機能するのと同様に，この他国の貨幣もこの商品資本に対して貨幣としてのみ機能する．貨幣はここでは世界貨幣として機能する（同上書，p. 173）．

　つまり，市場においては，産業資本は他の産業資本との間で商品交換をするだけではなく，世界貿易によって，非資本主義的経済とも商品交換を行い，したがって，貨幣も世界貨幣として流通するということです．これは，資本による生産規模が大きくなるにつれて，非資本主義的経済に対する資本家的生産様式の影響が強くなることを示唆しています．視点を非資本主義経済の側に移し替えてみると，これまで共同体のあいだにおいてみられた商品交換が共同体の内部に浸透し，労働力の商品化をはじめとして，共同体の生産活動が次第に資本によって編成されていく運命にあることを示唆しています．
　資本家的生産様式は，労働力商品化の継続（つまり，賃金を労働者自身の労働力の再生産と次世代の労働力の生産を可能とする水準に維持し続けること）によって，人間の経済を資本の運動に直接包摂するだけではなく，世界市場を支配することによって，非資本主義経済をも資本の運動に間接的に包摂する能力を持っているのです．

2. 資本の再生産

　ここで，改めて考えなければならない問題は，一社会の資本が総体として，どれだけの生産財を市場に供給し，またどれだけの消費

財を供給すれば，社会全体として経済を維持し再生産することができるかということです．これは，資本家的生産様式のもとで，商品交換が一社会の経済を統合するパターンとなりうるかどうかを決定する重要な問題です．そこで，商品資本の循環形式を社会全体の総資本に当てはめてみることで，この問題の解明を進めましょう．

（a）単純再生産

最初に，社会全体において生産財を生産する資本の属する部門（生産財生産部門）K_1 と，消費財を生産する資本の属する部門（消費財生産部門）K_2 の二種類の生産部門が存在すると仮定します．いま，1年間に社会全体の資本が必要とする生産財を C とします．そのうち K_1 および K_2 がそれぞれ必要とする生産財を C_1 および C_2 と表すことにします（$C = C_1 + C_2$）．なお，ここでは，単純化のために固定資本（工場設備，機械類）は所与とし，その損耗分だけが C に含まれることとします．

次に，1年間に社会全体の労働者と資本家が必要とする消費財をそれぞれ賃金財 V および奢侈財 L とします．ただし，単純再生産の場合，剰余価値 M は資本家の収入となりますので，L = M になります．以下，単純再生産の場合，M はすべて奢侈財を表すものとします．K_1 部門に属する労働者と資本家が必要とする消費財をそれぞれ V_1 と M_1 と表し，また K_2 部門に属する労働者と資本家が必要とする消費財をそれぞれ V_2 と M_2 と表すことにします．

ここで商品資本の循環形式 $W' - G' - W \cdots P \cdots W'$ に注目しましょう．ただし，この形式はここでは社会全体の資本の総和を表しています．また，循環の出発点にある商品 W' は，前年度に生産された C と V と M から成り立っていますが，M は資本家によって個人的に消費されてしまいますので，$W' - G' - W$ の右端の W

には含まれません．そこで，この循環形式に資本家の個人的消費分を加えてみると，次のようになります．

$$W'(C + V + M) - G' - W(C + V) \cdots P \cdots W'$$
$$\searrow w(M) \cdots (\text{資本家の個人的消費})$$

この修正された循環形式の左半分，すなわち，

$$W'(C + V + M) - G' - W(C + V)$$
$$\searrow w(M)$$

は，社会全体でMも含めた商品交換が行われていることを示しています．そこでいま，これを部門別に分けてみると，部門 K_1 は昨年度の生産物 $C_1 + C_2$ を市場で販売し，今年度の商品生産および資本家の生活に必要な商品 $C_1 + V_1 + M_1$ を購入します．同様に，部門 K_2 は昨年度の生産物 $V_1 + M_1 + V_2 + M_2$ を市場で販売し，今年度の商品生産および資本家の生活に必要な商品 $C_2 + V_2 + M_2$ を購入します．

したがって，両部門における需給バランスは下記のような二つの等式で表すことができます．

$$K_1 : C_1 + C_2 = C_1 + V_1 + M_1$$
$$K_2 : V_1 + V_2 + M_1 + M_2 = C_2 + V_2 + M_2$$

この二つの等式のどちらからも $C_2 = V_1 + M_1$ を導き出すことができます．この等式の意味することは，C_1 が部門 K_1 内部で交換され，$V_2 + M_2$ が部門 K_2 内部で交換されるのに対し，C_2 と $V_1 + M_1$ は両

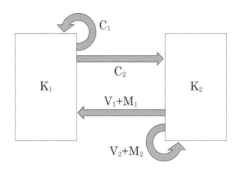

【図7‐1】 部門内および部門間での商品交換関係

出所）筆者作成.

部門のあいだで交換されなければならない，ということです（図7-1を参照のこと）.

　以上の説明から言えることは，K_1 と K_2 の間で，商品交換 $C_2 = V_1 + M_1$ が行われることで，社会全体の商品生産が毎年同じ規模で行われる，ということです．したがって，単純再生産の基本条件は $C_2 = V_1 + M_1$ になります.

　以上を産業連関表の形にまとめると表7-1のようになります.

　単純再生産は，一社会で生活する人々の欲望が，資本によって生

【表7‐1】

		産出（中間需要）		産出（最終需要）
		K_1	K_2	労働者・資本家
投入 （供給）	K_1	C_1	C_2	
	K_2	——	——	$V_1 + M_1 + V_2 + M_2$
付加価値	賃金	V_1	V_2	——
	資本家の収入	M_1	M_2	——

出所）筆者作成.

産された消費財で持続的に充たされ，次年度も同規模の生産に必要な生産財が確保されるという静態的なモデルを示しています．ここで，静態的というのは，人々の欲望が突然に変化したり，新技術が開発されたために全く新種の商品が市場に登場したりして，市場の需給バランスが大きく崩れるような急激な変化が存在しない状態です．いわゆる均衡市場のもとでの再生産を想定しています．

（b）拡大再生産

　前章の第2節で，資本を「自己増殖する価値の運動体」と定義し，同じく第3節で，「資本家の目的は，自ら所有する資本の価値を増殖させること」と説明しました．単純再生産は，人間の経済が資本家的生産様式によって編成される基礎的条件を示しています．しかし，それは増殖した価値＝剰余価値を資本家が個人的に消費することだけを説明するものにすぎず，資本の本来の目的である自己自身の価値を増殖する条件を表すものではありませんでした．そこで次に，剰余価値の一部を追加資本として投資することにより，資本そのものが成長し量的に大きくなる条件を明らかにしてみましょう．

　いま，資本による生産の規模が毎年 g だけ増加すると仮定します．たとえば，ある年に資本が生産した商品の総額が C＋V＋M とすると，その翌年の生産物は g(C＋V＋M) だけ増加することになるでしょう．このような増加が生じるのは，M の一部が翌年の追加資本 g(C＋V) として取り分けられる場合です．したがって，資本家の消費対象になる奢侈財 L は M から g(C＋V) を控除した残りの部分だけです．つまり，L＝M－g(C＋V) ということになります．

　以上のことを確認したうえで，次に単純再生産の場合にならって，商品資本の循環形式 W′－G′－W・・・P・・・W′ に資本家の個人的消費分を加えた修正循環形式について検討してみることにします．

拡大再生産の場合，剰余価値 M は $g(C+V)+L$ から成り立っていますから，循環形式は下記のようになります.

$$W'(C+V+g(C+V)+L)$$
$$-G'-W((1+g)(C+V))\cdots P\cdots W''$$
$$w(L)\cdots（資本家の個人的消費）$$

ここで，W'' は $(1+g)(C+V+M)$ ですから，これに $M=g(C+V)+L$ を代入してえられる年度末の生産物の内訳は下記のようになります.

$$(1+g)(C+V+g(C+V)+L)$$
$$\Rightarrow(1+g)^2(C+V)+(1+g)L$$

いま，この形式を部門別に分解してみると，部門 K_1 は昨年度の生産物として $(1+g)(C_1+C_2)$ を市場で販売し，今年度の商品生産および資本家の生活に必要な商品として $(1+g)(C_1+V_1)+L_1$ を購入します.

$$K_1:W_1'((1+g)(C_1+C_2))$$
$$-G_1'-W_1((1+g)(C_1+V_1))\cdots P\cdots W_1''$$
$$w(L_1)\cdots（K_1 の資本家の個人的消費）$$

同様に，部門 K_2 は昨年度の生産物として $(1+g)(V_1+V_2)+L_1+L_2$ を市場で販売し，今年度の商品生産および資本家の生活に必要な商品として $(1+g)(C_2+V_2)+L_2$ を購入します.

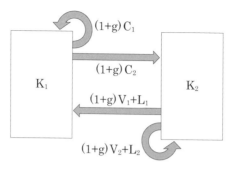

【図 7‑2】　拡大再生産における部門内および部門間での商品交換関係
出所）筆者作成.

$$K_2 : W_2'((1+g)(V_1+V_2)+L_1+L_2)$$
$$-G_2' - W_2((1+g)(C_2+V_2)) \cdots P \cdots W_2''$$
$$w_2(L_2) \cdots (K_2 の資本家の個人的消費)$$

　したがって，両部門における需給バランスは下記のような二つの等式で表すことができます.

$$K_1 : (1+g)(C_1+C_2) = (1+g)(C_1+V_1)+L_1$$
$$K_2 : (1+g)(V_1+V_2)+L_1+L_2 = (1+g)(C_2+V_2)+L_2$$

　この二つの等式からわかることは，$(1+g)C_1$ は部門 K_1 内部で交換され，$(1+g)V_2+L_2$ は部門 K_2 内部で交換されるのに対し，$(1+g)C_2$ と $(1+g)V_1+L_1$ は両部門のあいだで交換されなければならない，ということです（図7-2を参照のこと）.

　以上の説明から言えることは，K_1 と K_2 の間で，商品交換$(1+g)C_2 = (1+g)V_1+L_1$ が行われることで，社会全体の商品生産が毎年 g だけ増加するように行われる，ということです. したがって，拡

【表7-2】

		産出（中間需要）		産出（最終需要）
		K_1	K_2	労働者・資本家
投入（供給）	K_1	$(1+g)C_1$	$(1+g)C_2$	——
	K_2	——	——	$(1+g)V_1+L_1$ $+(1+g)V_2+L_2$
付加価値	賃金	$(1+g)V_1$	$(1+g)V_2$	——
	資本家の収入	L_1	L_2	——

出所）筆者作成.

【表7-3】

		産出（中間需要）		産出（最終需要）
		K_1	K_2	労働者・資本家
投入（供給）	K_1	$(1+g)^nC_1$	$(1+g)^nC_2$	——
	K_2	——	——	$(1+g)^nV_1+L_1$ $+(1+g)^nV_2+L_2$
付加価値	賃金	$(1+g)^nV_1$	$(1+g)^nV_2$	——
	資本家の収入	$(1+g)^{(n-1)}L_1$	$(1+g)^{(n-1)}L_2$	——

出所）筆者作成.

大再生産の基本条件は$(1+g)C_2=(1+g)V_1+L_1$になります.

　以上を産業連関表の形にまとめると表7-2のようになります.

　資本の拡大再生産の初期条件はこのようにして与えられることになります. なお, $g=0$とすると, 単純再生産の形になります.

　また, n年目の再生産の初期条件は, 表7-3の通りです.

　以上のように, 資本の拡大再生産においては, 資本の規模と資本家の所得が毎年, $(1+g)$の乗数倍だけ増え続けることになります.

実際には，生産部門ごとに資本の増加率 g が異なる場合があります．このような場合には部門間の増加率は相互に影響を与え合って全体の資本増加率が確定することになります[1]．

　現実には，社会において無数の資本が存在し，それぞれが様々な投資分野で利潤を追求しながら競争を展開しています．したがって，無政府的，分権的な市場においては，商品の需要と供給が必ずしも一致するとは限りません．経済的な不況や好況，恐慌を繰り返しつつ，資本蓄積が行われます．そして，こうした景気循環を通し，資本家的生産様式の高度化が遂行されるのです．この点に関しては，次章で検討することになります．

3.　まとめ

　資本は，循環を繰り返すことによって，剰余価値生産の物的条件を再生し，社会的に相互依存関係を深めて，持続的な剰余価値の獲得を追求します．資本は相互依存を通して資本主義的商品経済を高度化することができます．しかし，非資本主義経済との交易を通して，非資本主義経済を資本主義的商品経済に取り込んで同化する能力も持っています．

　資本の再生産は，単純に同一規模で行われた場合，資本家にもたらされる剰余価値は毎循環で同一不変です．しかし，より多くの剰余価値を求める資本家にとって，単純再生産は無意味です．したがって，資本の再生産規模が年々増大する拡大再生産が資本家の追求

---

1)　なお，マルクス経済学ではかつて，拡大再生産における部門間不均衡，とりわけ商品の過剰生産から経済恐慌が不可避的に発生すると理解されていましたが，今日では次章で見るように，恐慌は金融市場における資金不足が引き金となって生じると理解されるようになりました．

する唯一の目標になります．資本の拡大再生産は人間の経済における財の生産に量的成長を方向づけるものです．それは，人間の欲望充足に必要な財の生産規模を超えてなされる可能性を含んでいます．また，第 11 章で見るように，自然の制約の問題に直面することになります．

第8章　信用
——資本家的生産の高度化

　資本家は，第6章で見たように，剰余価値の生産にかかる様々な費用を節約するために，生産過程の徹底した合理化を図ります．同様に，資本の流通過程で生じる流通費用の節約でも，徹底した合理化を目指して信用制度を確立します．本章では，はじめに信用制度の基本的仕組みを説明します．次いで，信用制度によって高度化する資本家的生産方法のもとでは，資本の蓄積が景気循環（好況期−恐慌期−不況期）を通して行われるようになることを明らかにします．特に，不況期にはシュムペーターのいわゆる「創造的破壊」が行われ高度化が促進されることに着目します．最後に，高度化した資本家的生産様式によって展開される株式資本，および，信用制度を通して資本家的活動を支配する金融資本について説明します．

1. 商業信用と銀行信用

（a）商業資本と商業信用
　前章で説明した生産資本の循環形式をもう一度取り上げましょう．

$$P \cdots W' - G' - W \cdots P$$

　この循環形式の中央にある W′－G′－W は流通過程，すなわち市場における商品の流通を表しています．前半のP・・・W′ および後半の W・・・P は工場内での生産過程です．そこで，この図式から新たに読み取れることは，商品の生産過程が流通過程によって中断されるということです．

　産業資本は生産の継続によって剰余価値をより多く生み出すことができるので，流通過程は剰余価値生産にとってマイナス要因でしかありません．じっさい，流通過程では次のような流通費用が生じます．まず，生産物を最適な取引相手に販売するための販売関連費用が必要です．また，生産手段を最適な取引相手から購入するための購買関連費用がかかります．さらに，商品の販売期間 W′－G′ と生産手段の購買期間 G′－W がずれ込む場合には，流通手段としての貨幣の過不足が生じ，そのための準備金を用意する必要があります．さらに，これらの純粋な流通費用のほかに，商品の保管費と輸送費が必要です．

　産業資本にとっては，こうした流通費用の存在は，剰余価値を実現するための必要不可欠な前提ですが，同時に生産過程の規模と時間を制約する条件でもあります．そこで，産業資本家はできるだけ流通費用を節約して，生産規模を拡大し，生産時間を継続させる方法を求めます．この産業資本の要望に応えるのが商業資本です．産業資本は様々な流通業務を商業資本に委託することにより，流通費用を大幅に節約することができます．商業資本は，多くの産業資本の流通過程を一手に引き受けることにより，商品取引の規模を拡大し，保管業務や輸送業務を合理化し，流通過程全体を効率的にします．その結果，産業資本の剰余価値が以前より増加するならば，増加した剰余価値の一部を流通費用節約サービスの対価として商業資本に支払うことになるでしょう．このようにして，産業資本が生産

した剰余価値を産業資本と商業資本で分け合うことはきわめて合理的です.

　また，商業資本は産業資本に対して信用サービスを提供することで，産業資本が必要とする準備金を減らし，生産過程の継続や拡張に貢献することができます. たとえば，紡績会社（＝産業資本）が綿花商（＝商業資本）から綿花を買う場合，綿花商がさしあたり資金繰りに困っておらず代金を現金で受け取る必要がなければ，紡績会社による支払い延期を認めることができます. 具体的には，綿花商は紡績会社が発行する支払い期日を明記した約束手形を受け取り，支払い期日に紡績会社から代金を受け取ることになります. この場合，綿花商は紡績会社に対して代金支払いが延期された日数分の利子に該当する手数料を請求することができます. 通常はこの手数料を現金価格に上乗せした金額が手形に記載されます. これが綿花の信用価格になります. このように，商品を販売する場合に手形を受け入れて支払い延期を認めることを商業信用といいます. 商業信用は，産業資本同士のあいだでも行われます. いずれにしても，債務者としての産業資本は，商業信用を得ることによって，商品の取引範囲を広げたり販売速度を上げたりすることができ，その結果，剰余価値生産を増進することができれば，その一部を債権者に引き渡すことは理にかなっています.

（b）銀行資本と銀行信用

　ところで，資本の流通過程で発生する資金の過不足に応じて，諸資本は貨幣取扱業務を行わなければなりません. たとえば支払い準備金を用意したり，販売代金を受け取るなどの出納を行ったり，また準備金の管理をしたりするなどの業務がそれに該当します. このような貨幣取扱業務は，それ自体が節約の対象になります. 産業資

本としては，貨幣取扱業務を他の資本に委託し，剰余価値生産の最大化を図ろうとします．また，商業資本も貨幣取扱業務を他の資本に委託し，取引規模の拡張や促進を図ろうとします．このような諸資本の要求に応えるのが銀行資本です．

　銀行資本は産業資本や商業資本の準備金を当座預金として受け入れ，諸資本の貨幣取扱業務を代行します．その上で，諸資本に対し銀行信用を提供します．銀行信用とは，銀行が諸資本に対し信用貨幣を提供することを意味します．銀行は，諸資本が当座預金の総額を超える貨幣支払いの必要が生じたときに，手形と引き換えに貨幣代用物としての信用貨幣を発行して諸資本の要求に応えます．ここで，信用貨幣とは銀行券または預金通貨のことを意味します．銀行券は銀行の窓口で額面通りの現金貨幣と兌換可能なので，貨幣に準ずる通貨として使用可能です．預金通貨は，当座預金口座に振り込まれた資金を通貨とするものであり，諸資本は，小切手を発行して取引相手に渡し，取引相手は受け取った小切手を銀行に持ち込んで，諸資本の預金口座から自分の預金口座に小切手の額面に相当する預金の付け替えを依頼します．このように，預金通貨は諸資本のあいだの取引において貨幣に準ずる通貨として使用できます．

　銀行資本は銀行券の兌換請求や預金の引き出し要求に対しては，つねに応じることができるように現金貨幣を準備していなければなりません．このような準備金は，自己資金および諸資本から預託された貨幣，さらには諸資本から受け取った手形の満期とともに返済還流される貨幣によって成り立っています．実際には，信用貨幣のすべてが兌換請求や預金引き出し要求により現金に換えられるわけではないので，信用貨幣の発行残高は準備金総額よりも何倍も大きくすることができます．このように，準備金総額よりも多額の信用貨幣を発行することを信用創造といいます．

　諸資本は銀行から信用貨幣の提供を受けることに対しては，当然手数料を支払うことになります．具体的には，諸資本は銀行に持ち込む手形の額面から信用手数料を割り引いた額の銀行券または預金通貨を受け取ることになります．これを手形割引といいます．なお，信用手数料は，手形が割り引かれた日と満期日のあいだの日数分の利子に相当します．また，銀行は，準備金を充実するために利子付き預金を受け入れます．貸付利子と預金利子の差が銀行の利潤になります．

2.　中央銀行と貨幣市場

(a) 銀行間組織と中央銀行

　前項でみたように，諸資本の手形と引き換えに信用貨幣を発行する銀行資本は，一般に商業銀行といいます．諸資本は手形割引によって商業銀行から信用貨幣を受けとりますが，手形を発行した資本は手形の満期日に銀行に貨幣を支払わねばなりません．したがって，商業銀行による信用貨幣の発行は，商業信用による短期の資金融通を代行ないし肩代わりすることを意味します．

　ところで，信用貨幣を発行する銀行資本の中には，自行の銀行券の流通力が相対的に弱く，他行の銀行券による預金や手形返済還流を受け入れる代わりに，預金通貨による与信に特化するものがあります．このような銀行を預金銀行といいます．これに対し，銀行券を発行する銀行を発券銀行といいます．諸銀行のあいだの競争の結果，流通力の強い銀行券を発行する銀行が発券銀行として生き残り，他の銀行は預金銀行に特化します．このように，少数の発券銀行を上位とする銀行間組織が形成されます．

　17 世紀から 19 世紀にかけてのイギリスでは，1695 年にイングラ

ンド銀行やスコットランド銀行が政府公債を引き受けて銀行券を発行する政府の銀行として設立されました．18世紀には地方の商業銀行のうち発券銀行として発展するものもありましたが，19世紀には政府による発券の規制措置がとられ，イングランド銀行など一部を除いて発券を止めて預金銀行になりました．歴史的にはイギリスの事例にみられるように，政府公債などを引き受ける発券銀行が発行する銀行券は，次第に政府紙幣の性格を帯び，法貨として流通する特権を得ることになります．こうして，銀行組織の頂点に立つ銀行が発券を独占し中央銀行の位置を占めることになります．本章では，信用貨幣は中央銀行が発行する中央銀行券と預金銀行が設定する預金通貨から構成されるものとして議論を進めます．

(b) 貨幣市場と利子率

　銀行が手形割引を通して信用貨幣を発行することは，資本家間の取引に必要な資金を銀行が諸資本に対して融通することに相当します．銀行はこのようにして，貨幣市場に貨幣を供給します．手形割引率すなわち貸付利子率は，貨幣市場における資金の需給関係に応じて変動します．市場での貨幣需要が低迷している場合，利子率は低く抑えられることになりますし，逆に急増する場合には，利子率は高騰するでしょう．こうした貨幣市場での利子率の変動は，実物経済における景気循環と密接に関係しています．

3. 景気循環

　資本家的生産方法が一般化すると，資本の蓄積は景気の循環を通して行われるようになります．景気循環は好況期，恐慌期，不況期の三つの時期から成り立っています．

　好況期は，市場の商品需要に応じて，産業資本が生産拡大を図り，商業資本が投機的取引を展開して，結果的には生産過剰，商品在庫の過剰に至る時期の資本蓄積の状態を表しています．恐慌期は過剰生産や過剰在庫の処理に追われる諸資本の資金需要に対して資金供給がストップして，遂には諸資本が倒産にまで至る状況を表しています．不況期は，商品生産の縮小に伴う生産要素への需要の低迷，その結果としての生産要素の遊休の状態を出発点とし，新しい生産方法に立脚した商品生産が開始される時期を表しています．資本主義の発展にとっては，不況期に生じる旧資本の破壊と新資本による資本蓄積が極めて重要な要因となります．以下，順を追ってそれぞれの時期の特徴を概観しましょう．

（a）好況期

　好況の初期においては，不況期に遊休していた労働力と資金が安く市場に提供されるほか，生産財の在庫も比較的豊富であるので，産業資本にとって生産を再開するには好条件が揃っています．好況中期には，産業資本が商業信用をフルに活用して生産を拡大し販路を拡張しようと努めます．その結果，労働力，資金，生産財への需要が堅調な伸びを示し，賃金，利子，商品価格が全般的に上昇します．

　好況後期に入ると，生産拡張に伴い労働市場で吸収された相対的過剰人口が次第に底をつき，労働力商品が不足して賃金が上昇します．他方で，商業信用の拡大に伴い大規模に発行された手形は次々と満期を迎え，手形を発行した債務者は返済資金を用意しなければなりません．債務者は次第に銀行に依存することになります．この時期における銀行信用への需要は，こうした返済資金への需要によって多く占められます．資金需要の増大は利子率のさらなる上昇を

招きます.

　好況末期になると, 諸資本の中には, 債務の決済のために, 利潤のほとんどを返済資金に充当したり, なかには, 商品を原価割れで販売することで得た代価を債務返済に充てる資本が出てきたりします. こうして, 生産規模の縮小や生産停止に追い込まれる資本が増えてくると, 生産財市場も労働市場も縮小することになります. 失業する労働者は相対的過剰人口のプールに逆流していきます. さらに, 銀行が保有する手形の返済還流が停滞し不渡り手形が増加すると, 銀行は準備金不足のため銀行信用の供給を絞り込みます. その結果, 利子率は高騰します. 銀行の中には, 諸資本による預金引き出し請求に応じることできなくて, 業務停止や倒産に追い込まれるものも出てきます. こうして生じるのが金融恐慌です.

（b）恐慌期

　金融恐慌は, 投機的な買い付けを行ってきた商業資本や生産拡張を行ってきた産業資本に壊滅的打撃を与え, 失業者を路頭に迷わせます. こうして, 一方での資本（商品資本と生産資本）と労働力の過剰, 他方での資金不足により, 資本主義経済に特有な恐慌が発生することになります.

　この恐慌期には,「再生産過程そのものの停滞と混乱とから生ずる資本価値の喪失」が生じます（宇野 2010, p.158）. 商品価格の低落および生産の中断による, 製品滞貨, 原材料在庫および固定資本の遊休化などは, 商品資本ないし生産資本の形態をとる資本の使用価値を劣化させ, 資本の価値を低下させます. 労働者を雇用できない資本は, 資本価値を増殖することができないだけでなく, 自らの価値を喪失するのです. こうして, 過剰資本の整理過程としての不況期が始まります（同上書, p.163）.

（c）不況期

　不況期における諸資本の競争は，「生産手段と労働力をできうる限り安く買入れ，できうる限り利用することを強制」します（同上書，p. 168）．また，恐慌を生き延びた大資本による中小規模の資本の集中が行われますが，これだけでは不況は克服できません．「結局は生産過程における生産方法の改善による生産費の低下に脱却の道を求めざるを得なく」なります（同上書）．

　生産方法の改善は，資本の有機的構成の高度化による相対的剰余価値の生産を目指すものですが，それは「一方においてすでに過剰人口としてある失業労働者を相対的により少なく動員しつつ行われる資本の蓄積であり，他方において個々の資本が従来使用してきた労働手段としての資本価値を多かれ少なかれ破壊するものとしての資本の蓄積」です（同上書，p. 174）．すなわち，不況期における資本蓄積では，「特に労働者の過剰な時期に労働者を節約して相対的過剰人口を形成する方法が採用され，資本の破壊が進行しているときに一層その価値の破壊を促進する新たなる方法が採用される」のです（同上書）．

　こうして，諸資本の競争は，「従来の資本に対する新たなる資本の競争」として行われます（同上書，p. 175）．それは，「恐慌期における資本価値の破壊を基礎にして，その更新を多かれ少なかれ促進」します．従来の固定設備を使用している資本も大資本への集中により，固定資本の更新期間が短縮されます．その結果，「生産手段の生産とともに消費資料の生産も回復する基礎が与えられる」ことになります（同上書，p. 176）．このようにして，景気は不況期から好況初期の段階に移行していきます．

4．創造的破壊

　資本主義の発展にとっては，不況期に生じる旧資本の破壊と新資本による資本蓄積が極めて重要な要因となります．このことに着眼して，資本主義の本質を描いたのが，『経済発展の理論』を書いた経済学者ヨゼフ・シュムペーター（1883–1950）です．

　シュムペーターは，「純粋に経済的──『体系内部的』──なものでありながら，連続的には行われず，その枠や慣行の軌道そのものを変更し，『循環』からは理解できないような他の種類の変動」（シュムペーター 1977a, p.171）を取り上げて，次のように説明しています．なお，ここで「循環」と言われているのは，第7章で説明した資本の循環のことです．

　たとえば，ある企業がこれまで無かったような全く新しい商品を開発し，工場を設立して量産体制を確立しようとしているとしましょう．この時，この企業は原材料市場や労働市場に新規参入して，既存の他企業が購入しようとしていた原材料や労働者を奪い取ります．新企業の商品が市場で売れるようになると，旧企業の商品への需要は次第に落ち込み，旧企業はやがて市場から撤退することを余儀なくされます．シュムペーターは，旧企業による生産手段（原材料）と生産要素（労働力と土地）の結合に対して，新企業によるこれらの結合を新結合と名づけています．「新結合は必要とする生産手段をなんらかの旧結合から奪い取ってこなければならない」（同上書，p.185）のです．

　新結合は旧企業による旧来の結合方法を破壊し，新結合が他の企業にも受け入れられて一般化する道を開くことになります．シュムペーターは例として駅馬車から鉄道への移行を挙げています（同上

書, p. 184). 今日では, アナログ機器からデジタル機器への移行が
例として挙げられるでしょう. 新結合による旧結合の破壊は, 市場
での商品交換パターンに大幅な変更をもたらしますし, 市場の規模
そのものを大きくします. これが静態的な資本循環を超える経済の
非連続的な発展過程, すなわち動態的な経済発展の基本図式です.
シュムペーターはこの一連の過程を「創造的破壊」と呼んでいます.
シュムペーターによれば, 創造的破壊とは「不断に古きものを破壊
し新しきものを創造して, たえず内部から経済構造を革命化する産
業上の突然変異」(シュムペーター 1995, p. 130) の過程です. そして,
彼はこの過程こそ「資本主義についての本質的事実である. それは
まさに資本主義を形づくるものであり, すべての資本主義的企業が
このなかに生きねばならぬものである」(同上書) と, 述べています.

5. 資本の商品化

　新企業が新結合を遂行するためには, 過去の資本蓄積とは無関係
に, 新規融資を獲得しなくてはなりません. そのためには, 固定資
本を含んだ巨額の資本に必要な大規模な資金供給のメカニズムが必
要とされます. そこで, 本節では, まず, 資本そのものを商品とし
て取引することを可能とする概念として, 利子生み資本を取り上げ
ます.

(a) 利子生み資本
　銀行が自らの負債として銀行券や預金通貨を手形割引を通して発
行することは, 少なくとも商業流通の領域において, 銀行が資本家
に対して利子をとって購買力を貸し付けることに相当します. 購買
力の貸し付けとは貨幣の一定期間の使用価値を商品として販売する

ことです．そしてこの貨幣商品の価格が利子です．

　さて，貨幣の使用価値は流通手段や支払い手段など貨幣として機能する能力を意味しますが，ここでは，さらに貨幣の追加的使用価値について検討しましょう．資本家にとっては，貨幣の資本として機能する能力，すなわち，利潤の生産に最大の関心があります．銀行が資本家に貸し付ける貨幣は，資本家によって実際に資本として運用されて，その結果，利子を伴って再び銀行に戻ってきます．

　このような貨幣商品を，マルクスは利子生み資本と呼びました[1]．利子生み資本の使用価値は，資本として機能する能力そのものです．利子生み資本の買い手は，それを現実資本として運用して得た利潤から利子を控除することになります．他方，利子生み資本の売り手にとっては，貨幣の一定期間の使用価値を販売して利子を獲得することが目的です．したがって，銀行にとっては，利子は利子生み資本としての貨幣がもたらす「果実」のように見えます．

（b）利子と企業者利得

　ここでマルクスに倣って，利子生み資本の売り手を貨幣資本家，買い手を機能資本家と名づけると，機能資本家は利子生み資本を運用して得た利潤から利子を控除した残りを企業者利得とし自らの収入とみなすことになります．産業資本家や商業資本家は貨幣資本家から利子生み資本を借りる機会が多くなればなるほど，自らを機能資本家として位置づけることが多くなり，自己資本についても，自らを機能資本家と貨幣資本家の二重の存在と観念し，利潤全体を利子部分と企業者利得部分に分類することになります．資本家が自ら

---

1)　『資本論』第3部第5篇第21章「利子生み資本」（マルクス 1987，pp. 571-604）参照．

所有する資本を利子生み資本とみなすにつれて，利子は資本の単な
る所有が提供する「剰余価値」として認識されることになります．
そして，企業者利得は資本家の「労働者」としての機能（「監督労
働」など）の結果として認識されることになります[2]．

　なお，シュムペーターは，企業者を新結合を推進する主体と位置
づけて，マルクスよりも積極的に評価しています[3]．企業者は，平
均利潤を維持しようとする旧企業の経営者とは異なり，新結合によ
り平均利潤を超える超過利潤（特別剰余価値）を追求しようと試み
ます．銀行もまたリスクを含みながらも新企業に大規模な融資を試
み，より多くの利子を獲得しようとします．このような融資と投資
は銀行家と企業者との相互信頼が前提です．

　新結合は追随する企業家によって模倣され，そのつど超過利潤は
縮小していきます．企業者利得は新結合のたびに超過利潤として現
れ，新結合が普及すると低水準に落ち着いてしまいます．企業者は
いったん新結合を実現しても，そこにとどまる限り超過利潤を失い
旧企業の経営者の立場に後退してしまいます．したがって，企業者
は常に新結合を更新しながら超過利潤を持続的に追求することにな
ります（シュムペーター　1977a，p.207）．

　銀行にとっては，既存の結合に依存する旧企業に融資するよりも，
シュムペーターの言う意味での企業者に継続的に融資するほうがよ
り大きな収益が望まれます．したがって，銀行と新結合を行う企業

---

2)　『資本論』第 3 部第 5 篇第 23 章「利子と企業者利得」（マルクス　1987，
　　pp.626-662）参照．
3)　「われわれが企業と呼ぶものは，新結合の遂行およびそれを経営体などに
　　具体化したもののことであり，企業者と呼ぶものは，新結合の遂行をみずか
　　らの機能とし，その遂行に当って能動的要素となるような経済主体のことで
　　ある」（シュムペーター　1977a，pp.198-199）．

との関係は次第に深まっていきます.

6. 株式資本

　新結合に必要な資金は, 従来のような手形割引による短期融資では入手できません. そこで, 企業者は, 新たな生産方法に必要な資本総額を獲得するために, その金額に相当する株式を発行して銀行に引き受けてもらいます. 銀行は, 自ら発行する信用貨幣（銀行券または預金通貨）を企業者の株式に投資します. 企業者は投資された資金をもとに, 工場を設立して生産を開始します. その結果, 超過利潤を含んだ利潤が得られますが, 企業者はそのうち一部だけを企業者利得として自分のものにし, 残りは配当として銀行に渡します.

　このように, 株式を発行して企業経営を行うものを株式資本といいます. もともと株式資本は, 重化学工業のように巨大な設備を持つ企業や, 鉄道のように政府企業から会社企業に転換した企業の経営に対応して発達してきたものでした. 株式資本が一般化すると, 次第に機能資本家（企業者）と貨幣資本家（銀行ないし株式所有者）の分離が実体化します. 株式は, 機能資本家が経営する現実資本を表すとともに, この資本によって実現されるべき利潤に対する貨幣資本家の権利を保障する所有権証書でもあります.

　株主（株式の所有者）はその額面に相当する資本の所有者であり, 自分の持ち分に対する収益の割り当てを配当として受け取ることができます. この場合の配当は, 利子生み資本の利子に相当し, たとえば資本額 1 億円で利子率 5% なら, 配当総額は 500 万円になります. しかし, 現実には, 株式の価格は, それが発行された時点より高くなります. いま, 資本額 1 億円の企業が年間 1500 万円の利潤

をあげると仮定しましょう. そのうち, 500 万円を企業者利得（企業者の労働報酬）として利潤から控除すると, 1000 万円が配当として株主に分配されることになります.

これを利子生み資本の果実と捉えると, 利子生み資本の現在価格は配当 1000 万円を 5% の利子率で割って, 2 億円ということになります. つまり株式は発行当時の額面価格 1 億円の 2 倍の時価を持つことになります. こうして銀行が新規に引き受けた株式の価値は増大します. 銀行がこの株式を資本市場で時価で売り出せば, 銀行は株式の時価額と額面価格との差額を自分のものとして獲得します. このような利得を「創業者利得」[4] といいます. 他方, 企業が利益を上げられず, 破産すれば配当はまったく見込めなくなり, 株式は無価値になります.

7.　資本市場と金融資本

資本市場では, 銀行は新規発行される株式や債券を引き受け転売します. 債券は政府や自治体あるいは民間団体が発行する有価証券で, 資本としての実体はなく, 公共事業や赤字財政の補てんなどに使われます. 株式については, 上述のように, 銀行は創業者利得を獲得することができます. 銀行が資本市場で販売（転売）した証券は, 配当額や利子率によって時価が変動します.

株式の所有目的は少なくとも三つあります. 一つは, 株式の大量所有によって企業の経営に介入すること（日産に対するルノーなど）, 二つ目は規則的に反復される配当を受け取ること（インカム・ゲイ

---

4)　ヒルファディング『金融資本論』第 2 篇第 7 章 1「配当と創業者利得」（ヒルファディング 1982a, pp. 205-224）参照.

ン），三つ目でもっとも一般的なものが，株式の時価の変動を利用して売買差額を獲得すること（キャピタル・ゲイン）です．

　資本市場の頂点に立つのは銀行資本です．銀行資本は，企業だけでなく，労働者や農民の余剰購買力を，たとえば貯蓄あるいは年金基金という形で吸収し，それを，利子生み資本として諸資本に提供し，しかも大株主として諸産業の経営に介入し，現実の資本の運動を支配します．株式所有によって諸資本を支配する業務に特化した銀行は持株会社（○○ホールディングスと呼ばれる会社）と呼ばれます．持株会社の傘下には一般の商業銀行も含まれます．このように諸資本の集合体の頂点に立つ銀行資本（＝持株会社）を金融資本と呼びます[5]．

　シュンペーターはこのような状況においては，銀行家が唯一の資本家になるといいます．

　　　いまや彼［＝銀行家］自身が唯一の資本家となるのである．彼
　　は新結合を遂行しようとするものと生産手段の所有者との間に
　　立っている．……彼は新結合の遂行を可能にし，いわば国民経
　　済の名において新結合を遂行する全権能を与えるのである．彼
　　は交換経済の監督者である（シュンペーター　1977a，pp. 197-198）．

---

5)　「産業の銀行への依存は，所有関係の結果である．産業の資本のますます
　　増大する一部分は，これを充用する産業資本のものではない．彼らは銀行を
　　通じてのみ資本の処分権を与えられ，銀行は彼らにたいして所有権を代表す
　　る．多面，銀行は，その資本のますます増大する一部分を産業に固定せざる
　　をえない．これによって，銀行はますます大きい範囲で産業資本家になる．
　　かような仕方で現実には産業資本に転化されている銀行資本，したがって貨
　　幣形態における資本を，私は金融資本と名付ける」（ヒルファディング
　　1982b，pp. 111-112）．

8.　まとめ

　信用制度は，諸資本の流通費用を節約し，資本間の資金融通を媒
介することによって，資本家的生産方法を高度化します．しかし他
方で，諸資本の倒産ないし資本価値破壊という恐慌現象を伴った景
気循環を通して，資本蓄積を促進します．信用制度によって支えら
れた貨幣市場の中心には銀行資本が存在します．銀行資本は，利子
生み資本の供給を通して，資本市場で支配的地位を占めることにな
ります．銀行家は金融資本として諸資本を支配し，事実上，唯一の
資本家になると言えます．ただし，それだけではありません．銀行
家は，労働者や農民，年金生活者など庶民の手元にある購買力とし
ての貨幣を貨幣市場で吸引し，それを利子生み資本に仕立てて資本
市場に注入する機能も果たします．人間の経済において購買力とし
て機能する貨幣が，こうして資本市場に吸収されることで，人間の
経済はますます剰余価値生産の手段となるのです．

第9章　擬制資本
―― 人間の経済の資本化

　前章までで，資本家的生産様式がどのように自らを一般化し，自己組織化し，高度化するか，その論理をたどってきました．基本的には，資本家的生産様式が生産財部門および消費財部門をすべて掌握することで，人間の欲望を満たす財がすべて商品として生産され，すべての人間が欲望を満たすために商品を購入しなければならない，という状況が制度化され，再生産され強化されることがわかってきました．

　しかし，それだけでは，資本家的生産様式は自立したとは言えません．商品生産に必要な三つの生産要素，すなわち土地と労働と貨幣を自らの支配下に置いたときに，資本家的生産様式は自立したと言うことができるでしょう[1]．すでに労働に関しては，第6章で資本主義に特有な人口法則を紹介して，資本に必要な労働力がどのように供給され再生産されるかを見てきました．また，貨幣に関しては，前章で銀行が購買力としての貨幣を貨幣市場から吸収して，こ

---

[1]　カール・ポランニーは，商品の生産に必要不可欠な三つの主要な生産要素，すなわち労働，土地，貨幣を，いずれも商品として生産されたものではないにもかかわらず，それらの一定期間の使用価値が市場で商品として売買されるために，これらを擬制商品と呼びました（ポランニー　2009，pp. 119-130）．

れを資本市場に利子生み資本として供給する仕組みを説明しました.

　本章では資本が土地をどのように支配するのか，その過程を分析します. 資本は前章で確認したように，商品化されて株式資本になります. ところが株式は現実資本の価値を表しておらず，売り手と買い手の期待を反映した擬制的な資本になっています. このような擬制資本には資本物神が宿ります. 土地所有者が資本物神に捉われると，自分の土地を擬制資本とみなし，短期的な収益をもたらす取引相手を求めるようになります. こうして資本による土地の支配が完成します.

　ところでこのような擬制資本化が，地力以外の自然の能力，労働力以外の人間の能力，さらには社会のコミュニティとしての能力など，人間が生きていくうえで必要不可欠の要素にまで拡張されると，人間の経済は完全に資本の価値増殖の手段とされてしまいます. 本章ではこのことを，欲望の高度化，発展と成長の問題を通して論じます.

1.　擬制資本

　前章第 6 節で見たように，配当を利子率で除して株式の時価を求めるような手続きを資本還元と言います. 資本還元とは，「規則的に反復される所得＝平均利子率で貸し出された資本の収益（$\Delta G = r^* \times G$, ただし $r^* =$ 平均利子率）」との観念にもとづき，この所得を生む資本の価値を，利子を平均利子率で割った値（$G = \Delta G / r^*$）として算定することです.

　実際には，有価証券としての株式の価値は，企業者が現実に管理している実体としての資本の価値とは全く無関係に資本市場で決まる擬制的な価値です（配当に応じて絶えず変化）. その意味で，株式

資本は擬制資本（架空資本）と言えます．擬制資本は，理論的には
「規則的に反復される所得」すべてに適用可能な概念です．次節で
述べるように，土地に関しても，地代を資本還元して地価が求めら
れる限りで擬制資本と言えます．

　擬制資本の観念は，資本関係の外面化を推進します．すなわち，
資本は利子相当分（配当や地代など）の神秘的で自己創造的な源泉と
して現れることになります．

$$G - G' \quad (= G + \varDelta G)$$

　総再生産過程の結果が，物におのずから備わる属性として現れま
す．こうして，自己自身を増殖する価値としての資本の外面的な姿
が，その本質を覆い尽くしてしまうのです．利子は剰余価値あるい
は付加価値の一部に過ぎないのに，今では逆に，利子が資本の本源
的な果実として現れます．ここで，「生産諸関係の最高度の転倒と
物化」（マルクス 1987, p.665）が生じています．マルクスはこれを
資本物神と呼びます（同上書）．

　私たちが購買力として持っている貨幣は，あくまで商品交換の手
段としての通貨です．ところが，貨幣の追加的使用価値としての利
子生み資本に着目すれば，私たちの手元にある貨幣は同時に擬制資
本として利子をもたらすものと認識されます．前章第 7 節および第
8 節で見たように，消費者は銀行にお金を預けて，将来の購買力を
守ろうとします．銀行はこうして集めた庶民の購買力を資本市場に
ながして，収益を得ようとします．つまり，庶民の手中では購買力
にすぎない貨幣が銀行によって利子生み資本に転換され，貯金が引
き出されるときには元の購買力に戻る，という図式が成り立ちます．

2. 土地と自然資本

　資本物神は，本来資本によって生産されないものを擬制的に資本として扱うことを要請します．土地の属性としての自然力は資本によって生産されるものではなく，地主が独占的に所有しているものです．したがって，資本家は借地資本家として地主から土地を借り地代を払って生産活動を行うことしか許されません．

　ただし，借地資本家が資本を投下して土地に施した改良の成果は，その資本家の借地期間のあいだは超過利潤として資本家の手に入りますが，契約更新時には，借地人が同じ資本家であれ，新しい資本家であれ，以前の契約時に行われた土地改良の成果は，優等地としての土地の属性に吸収されてしまい，地代そのものが高くなります．本節では，資本家が土地に加えた改良を除いて，土地そのものが本来持っている自然力に注目して，その能力の一定期間の使用料を地代として措定します．

　本書第4章では，フィジオクラートやマルサスによって，土地の肥沃度が地代（＝純生産物）を生み出す能力として高く評価されていたことを紹介しました．ただし，それは富を使用価値的側面から捉えた場合に限定されます．地代をひとたび資本還元して土地価格を算出すると，地代は利子生み資本としての土地から生み出される利子のように認識されてしまいます．土地所有者が土地を擬制資本として捉えるようになると，彼は次第に貨幣資本家と同じような立場に立つようになります．つまり，地代は土地そのものに最初から備わっている利子生み資本としての能力に対する果実である，と考えるようになります．しかしそれが幻想であることは，たとえば自分の土地に借り手がつかない場合，地代収入がゼロとなり，その結

果，地代を資本還元しても土地に価格がつかないという極端な場合を想定することでわかります．

さて，土地の自然力は，人間の欲望を充足する財を生産するうえで，重要な生産要素ですが，20 世紀の半ばまでは，その自然力の一面，つまり生産物の生産に貢献する地力としての側面だけが注目されてきました．ところが，1950 年代から 60 年代にかけて，石油産業が伸長するのに伴って，環境への化学物質の拡散，健康被害を伴う公害問題，さらには，1980 年代からの，温暖化ガスの生成に伴う地球環境問題の深刻化などを背景に，自然力のもう一つの側面が注目されるようになってきました．すなわち，廃棄物や廃熱などの副生産物の処理に貢献する側面です．その理論的説明は第 11 章で行います．

今日，資本家的生産の結果排出される廃棄物や排ガスの吸収源として自然生態系が注目されるようになり，生態系の廃物処理機能が商品化される試みが進んでいます．たとえば排出権取引制度などです．二酸化炭素排出権を持たないと生態系の廃物処理サービスが利用できなくなり，操業停止に追い込まれるという制度です．このような場合，企業は，必要経費として二酸化炭素排出権を購入することになります．

さて，ここで問題となるのが生態系の価値と所有権です．二酸化炭素排出に関して言えば，二酸化炭素を吸収する能力をいったい誰が評価し，誰が所有するのかという問題になります．ここでは二酸化炭素吸収源をさしあたり森林に限定して話を進めます．森林所有者が森林を二酸化炭素吸収源として維持する場合，彼はその森林を開発し伐採することで得られる利得を断念せざるを得ません．そこで，機会費用（＝あることをするために犠牲にし，見過ごした機会に得られたであろう収益のうちの最大のもの）の考え方を適用すると，森林所

有者は，その森林の二酸化炭素を吸収する能力の価値を，仮にその森林を開発したなら得られたであろう収益の最大値に等しいとするでしょう．では，誰が森林所有者に二酸化炭素吸収能力の価値を払うのでしょうか．それは当然，商品生産過程で二酸化炭素を排出する資本家になるはずです．

　しかし，資本家は実際にはこの費用を支払いません．なぜなら，二酸化炭素を排出した場合，その費用を商品価格に上乗せして，消費者に費用を転嫁するからです．ただし，この場合には二酸化炭素の排出削減技術の開発に成功した資本家との競争に敗れてしまうので，競争相手の資本家に倣って新技術を採用するか，市場から撤退することになります．

　それはともかくとして，森林所有者は森林の二酸化炭素吸収能力の年間利用料を資本還元して，森林の擬制資本としての価値を求めることになるでしょう．ここで，森林所有者を生態系の管理者に，そして二酸化炭素吸収能力を廃物処理能力に置き換えてみると，生態系の管理者は生態系の廃物処理能力の使用料を，あたかも擬制資本としての生態系が生み出す利子として把握することになるでしょう．これが，いわゆる自然資本（natural capital）の根底にある考え方です．生態系の管理者は必ずしも資本家ではありませんが，ひとたび生態系を自然資本と捉えることになると，彼は資本物神に囚われて，利子生み資本家として行動するようになります．自然資本は，資本の運動に合致するように自然を証券化して切り売りするのに都合の良い概念です．

3.　人的資本と社会資本

　人的資本（human capital）概念は人間の知識や技能を資源とみな

し，その生み出すサービスを人的資本の果実とみなします．工場で行われる標準化された単純な労働は，最低賃金水準を規定し，この賃金を資本還元すれば労働力それ自体の価値が算出されます．労働力商品は機能資本家のもとで消費されると標準化された単純労働を支出します．つまり，平均的な付加価値しか生み出しません．しかし，高度な技能を持った人的資本が提供するサービスは，個人個人が獲得した個性的な能力に応じて高い付加価値を生み出す可能性を持っています．この高い付加価値を資本還元すれば，高い人的資本の価値が算出されるでしょう．

　いわゆる「人への投資」は，人間の様々な活動能力を人的資本に陶冶し，高い付加価値の源泉として仕立て上げることを目的としています．その結果，人的資本の所有者，つまり人間は，あたかも利子生み資本の所有者のように，自らの資本を機能資本家に貸し付け，機能資本家の実現する付加価値の一部を報酬として受け取ることになります．人的資本は，資本の運動に合致するように，人間を擬制資本化して利用するのに都合の良い概念です．

　社会資本（social capital，ふつうには社会関係資本と訳される）は人々のあいだの人的ネットワークを資源とみなし，その生み出すサービス，たとえば，いわゆる取引費用の節約であるとか，知識や技能や情報を集積したり集約したりすることとか，「ヒト・モノ・カネ」を集中することを，社会資本の果実とみなします．こうした節約効果や集積効果を貨幣的に評価し，これを資本還元すると，社会の擬制資本としての価値が表示されます．これは，地域コミュニティの評価に反映され，企業誘致や観光客誘致の指標になります．社会資本は，地域社会のコミュニティとしての能力を擬制資本化したものであり，地域社会の住人自身があたかも利子生み資本の所有者のように自らを方向づけ，資本の運動に合致するように自分たちの居住

空間を仕立て上げるように誘導します.

　以上の他にも，文化資本，生命資本等々，擬制資本概念は次第に私たちの生活のあらゆる場面に浸透しつつあります．私たちの生活は，常に利得を求め無駄を省く効率的な活動によって支配されることになります．そして，その延長上に欲望の高度化が待ち構えています.

4．欲望の高度化

　人間の欲望の出発点は，生命体としての自己自身を維持し，自らの生命に危害を及ぼす要因を排除することにあります．この限りでは，生きるという目的のために，生きているものを摂取するという，目的と手段が一体化した関係が必要になります．したがって，人間は食物連鎖を通して他の生物に依存し，そしてこれらの生物と同じように生態系の一員であると言えます．この基礎的事実は，人間の欲望がいかに高次化しようとも否定することができません.

　しばしば，人間の欲望は無限だと言われます．それは，欲望充足が新しい欲望をつくり出す，ということを意味しています．ところが，シュムペーターは，これは「ほとんど正しいとはいえない」と言います（シュムペーター　1972，p.335）.

　　ある経済主体の所得が増すと，その経済主体はより多くの欲望を充足することができる．その経済主体が欲望充足のこのような成長に慣れていれば，その欲望は成長をしつづける．しかし，問題の核心がどこにあるかといえば，それは，これまで充足されることのなかった，強度という点ではヨリ劣る既存の欲望が，充足手段増大のため実際に重みを増すという点にあるにすぎな

い．この種の欲望は，新たに創出されたものではなく，先行条件である手段が増大した結果，それが可能になったので，今になってはじめて表面化するまでのことなのである（シュムペーター 1972, p.335）．

　資本家的生産様式は，人間の欲望を高度化するかに見えて，じっさいは人間にとって最優先の欲望の充足をしばしば回避して，生命の維持と安全を次第に脅かすことを推進します．その結果，欲望は成長しないばかりか，欲求不満が増大し，人々の不安が高まります．
　ここで，イヴァン・イリイチ（1926‐2002）による現代社会における欲求充足の問題の分析を紹介しておきましょう．イリイチは，まず欲求充足に関する選択軸を想定し，その軸の両端に現れる二つの極に着目します．一方は「所有」の極であり，他方は「行為」の極です．この選択軸の上では，欲求充足のために，商品を所有する極に向かうベクトルと，それとは正反対の行為の極に向かうベクトルが存在しています．イリイチは所有の極に偏った社会を商品集中社会と呼びます（イリイチ 2006, p.45）．
　現代社会では，行為の多くは，商品の所有によって代替されています．たとえば，歩くという行為は自動車や公共交通機関の利用によって代替されます．癒す行為は，病院で治療を受け，薬局で薬を買うことで代替されます．いずれも，財やサービスを購入することによって，自ら歩いたり癒したりする行為と置き換えているのです．学ぶという行為もじつは同じです．学校で教育サービスを受けることで，自ら問題を発見しそれについて調べる行為と置き換えています．たしかに，これらの財やサービスは人間の活動範囲を拡張するのに貢献する面があります．とくに，障がい者，老人，子供にとっては自ら行うことの難しい行為を補完する機能があります．

　20世紀初頭には所有の極に向かうベクトルが，欲求充足に貢献するものとして社会的に受容されました．しかし，1960年代後半になると，次第に商品所有の負の側面が目立つようになってきます．専門家によって，交通，医療，学校サービスの高度化が図られることによって，そうしたサービスへの人々の依存度は高まり，やがて，それらのサービスの質の低下が起こる一方，ほんらい人間の持っている移動する力，癒す力，学ぶ力が奪われていきます．これとは対照的に，交通，医療，教育サービスへのアクセスから閉め出された人々には，潜在的に移動する力，癒す力，学ぶ力があるにもかかわらず，それらの能力を発揮する機会が与えられません．社会インフラ・制度が，専門化された交通，医療，教育サービスの利用を人々に強制しているからです．いわば，行為の極に向かうベクトルが社会的に抑圧されて，所有の極に向かうベクトルが不自然に助長されたような状況が生み出されているのです．その結果，単に，商品を持てる者と持たざる者とのあいだの格差が拡大し，貧困問題が深刻化するだけではなく，商品それ自体を所有することへの不満も高まってきます．このように，資本家的生産様式のもとでは，多くの人々は生活水準を落としたうえで満足度の低い商品を入手せざるを得ません．

5．発展と成長

　ところで，資本家的生産様式においては，企業者による新結合が古い秩序を破壊して新しい水準の均衡状態をもたらします．シュムペーターは，このような均衡水準の更新において，それぞれの水準における景気循環の好況の頂点を結んでできる曲線，あるいは不況の谷底を結んでできる曲線を見て，「経済はおのずから成長してヨ

リ高次の形態へと入ってゆく」と考えてはならないことを強調します（シュムペーター 1972, p.337）.

　シュムペーターは，企業者による新結合の遂行が経済発展の動力となっていても，それは，「現存する静態的均衡の攪乱であって，もとの均衡，あるいは他のなんらかの均衡への再到達をめざすような傾向をいっさい持たない」と言います（同上書, p.340）. そこでさらに，シュムペーターは次のように述べます.

　　われわれにとって重要なのは，計画の統一性が存在するのはそれぞれの部分的発展に関してのみであること，経済人の意識の中ではただこの統一だけが実在性を持っていること，他方，……別のより大きな統一は，計画の統一性とか統一的考慮にもとづく人間行動とかに還元されうるものではなく，それが事後において観察者の前に特殊現象として提示されることがあるのは偶然的なのであり，必然的なのではないということである（同上書, p.341）.

　シュムペーターの考えを敷衍すれば，経済成長は，一つ一つの非連続的な経済発展の結果をつなぎ合わせて観察することができる偶然の産物であり，事前に計画的に描けるものではないということになります. したがって，持続的成長なる概念は，過去の経済成長の構図を未来に向かって外挿したものに過ぎず，決して理論的に説明できるものではありません.

　なお，シュムペーターは発展には価値判断が含まれないとして，次のように言います.

　　発展のゆきつくところが社会的繁栄なのか，社会的貧弱なのか，

国民生活の開花なのか，それとも奇形化なのかを決定するのは，発展の具体的内容なのである（同上書，p. 343）．

局外の観察者ならば，発展局面が進めば進むほど，その諸結果はそれだけ完成度の高い諸現象となって現われると考えるかもしれない．だが，われわれが精確に断言できるのは，ただ，新しいものの方が古いものよりわれわれにとりヨリ快適であるかどうかだけである（同上書，p. 344）．

ここで改めて，企業者の行動が重要になります．

通例，企業者がその利得に到達するのは，彼が，消費者利害により代表される国民経済に奉仕することによってのみ，つまり，より高く評価されるものを生産するか，費用を節倹するかによってのみである（同上書，p. 345）．

このように，経済発展は実体のある消費者利害に導かれた企業者の行動に伴って生ずるものであり，「持続的成長」を目標として掲げる「資本主義者」によって推進されるものではありません．したがって，「新しい資本主義」に象徴されるように，資本の拡大再生産を「持続的成長」と言い換えようとするあらゆる試みは，非現実的イデオロギーに過ぎません．資本家的生産様式は，人間の経済を利潤追求のための手段として扱い，最終的には人間の経済を劣化させるほかない運命にあるのです．

6. まとめ

　剰余価値の生産において，資本は土地，労働，貨幣という主要な三つの生産要素を欠かすことができませんが，これらは資本が直接生産できるものではありません．仮に生産要素の所有者が非資本家的生産方法でそれらを利用するかあるいは放置するような状態にとどまっていては，資本家は生産要素を十分に支配できません．そこで，生産要素の所有者をあたかも資本家であるように擬して，生産要素の証券化，流動化を図る工夫が生まれてくることになります．こうして，自然資本，人的資本，利子生み資本という擬制資本概念が一般化します．ひとたび生産要素が擬制資本化されると，資本は，擬制資本概念を生産要素の周辺に拡張して，たとえば社会関係や文化や生命までも新たに擬制資本化することになります．

　このように，人間の生活を取り巻く環境および人間自身が擬制資本化されるとき，人間の経済はますます剰余価値生産のための手段となり，人間の生活そのものが資本家的思考によって支配されることになります．イリイチのいわゆる商品集中社会が展開されることになります．しかし，今日，人々はそのような社会で生きることに不安と恐怖を感じつつあり，経済が成長しても，欲求不満がむしろ増大することを感じつつあります．擬制資本に包み込まれた生活世界は，いまや人間にとってますます生きづらい世界であることが明らかです．

　そこで，第 III 部では，生活世界からいかに擬制資本のヴェールを取り去り，生きやすい生活世界を取り戻すか，という課題を検討しましょう．

第 III 部　等身大の生活世界

　本書では，第Ⅰ部で，資本の論理によって呑み込まれる以前の人間の経済がどのような生活世界に位置づけられていたのか，そして，第Ⅱ部で，資本の論理に組み込まれた人間の経済がいかにして資本の価値増殖の手段になったのかを見てきました．第Ⅲ部では，擬制資本化された生活世界において，人間と自然が被る問題を，失業や環境破壊を代表例として取り上げ，人間の経済をこれらの脅威から守るため，生活世界の脱資本化を図ることが重要であることを説明します．

　第10章では，資本家的生産様式が人間の生活にもたらす脅威，とりわけ失業に対し，社会の側から生じた防衛運動を紹介します．具体的には協同組合村，公的投資，スタンプ通貨など，労働者福祉の向上や就労機会の増加などを目指した取り組みに注目します．あわせて，管理通貨制や通貨発行の自由化案など，国の通貨発行権をめぐる現実の変化や代替案を取り上げ，人間と貨幣の脱資本化の方向性を論じます．

　第11章では，資本家的生産様式の発展に伴って生じた，資源枯渇や環境破壊の問題を取り上げます．自然資本を社会的に管理することで自然の脱資本化を目指す方向性を示します．その延長上で，経済成長をゼロないしマイナスにする考え方の意義を明らかにします．

　第12章では，生活世界の脱資本化を促す広義の経済学の考え方を紹介します．広義の経済学は狭義の経済学の内在的批判を通して展開されるものです．狭義の経済学が市場原理と機械制大工業を前提にして，剰余価値生産の最大化を目指す学問であるのに対し，広義の経済学は，生命系と地域主義から出発する等身大の生活世界を構築することを目指す学問です．

第 10 章　人間と貨幣の脱資本化
——商品世界から地域社会へ

　資本家的生産様式は，その初期段階から労働者の生存に脅威を与えてきました．最初は機械が人間の仕事を奪うのではないかという疑惑から，ラッダイト運動のような機械の打ちこわしが行われました．その後，工場内の危険な現場で働く労働者がけがや病気で倒れると，工場法によって危険な現場が改善されるようになりました．しかしながら，資本家的生産様式の展開過程で周期的に発生する恐慌は，大量の労働者を失業に追い込み，飢えの恐怖にさらしてきました．そのような中で，労働力の自主管理をめざす共同組合運動や，労働市場の社会的管理を図る公共投資などが行われるようになります．また，利子生み資本に転化しない地域通貨の利用も試みられるようになります．本章では，資本家的生産様式に対するこのような社会的な自己防衛の運動を分析し，それとともに，管理通貨制や貨幣発行の自由化案などにも言及し，人間と貨幣を擬制資本から解放する場が地域社会にあることを示唆します．

1．協同組合運動

　19 世紀のヨーロッパ，とくにイギリスでは，紡績産業に典型的

にみられるような，大規模な機械体系のもとで大量の賃金労働者を雇って商品を大量生産する資本家的生産様式が一般化しました．

　資本主義社会では，工場労働者は生活を維持するために，自らの労働力を商品として販売し，消費財を市場で手に入れなければなりません．かつて農民たちが生活の拠点としていたオイコスやそれを包み込む共同体はもはや存在せず，失業時には誰も助けてくれません．孤立した個人としての労働者には，生活の安全保障が存在しないのです．

　このような状況下で，機械装置の存在を肯定しつつ，労働者の福利厚生を最大化するような生活環境を創造する試みがロバート・オーウェン（1771 - 1858）によって開始されます．オーウェンは 1789 年 18 歳の時，知人とマンチェスターで紡績機械（ミュール紡績機・練紡機）の製造工場を設立し，以後，独立して職人三人を雇い紡績工場を経営し，さらに大紡績工場の支配人となるなど，企業家としての頭角を現します．1798 年 27 歳の時，ニュー・ラナアックという寒村の紡績会社を 60,000 ポンドで買い取り，この新会社の総支配人，一部所有者となりました[1]．

　オーウェンは 1800 年から，ニュー・ラナアック工場村の設立を企画し，実行に移します．彼は工場を清潔にするのみならず，労働時間を 10 時間半に短縮し（五島・坂本 1980, p.28），しかも，工場の近傍に労働者用の快適な住居を用意しました．そして，子供たちは工場街の中心の学校でよく教育され，10 歳以下の子供は工場で働かないようにされていました．オーウェンは，この工場経営から十分な収益をあげました．彼は，この工場村の中心部に居を構え，新しいコミュニティを形成しようと考え，議会にも働きかけました[2]．

---

1)　五島・坂本（1980）pp. 20-27 および pp. 562-563 参照．

　オーウェンはこのような共同社会が複数建設されることを望み,
その場合, 各共同社会は相互に独立しているが,「全体にかかわる
目的のために, それらの中に親密な結合が存在するであろう……各
共同社会の成員を結びつけるのと同じ精神が, かならずや, 一組織
と他のすべての組織との最も協調的な同盟に導くであろう」(同上
書, p.251) と述べています.

　また, 共同社会の商業取引は, 信用制度から生じる害悪を避ける
ために, 共同社会の外部との取引には現金のみを用いることを提案
しました[3]. ただし, 共同社会内部では, 労働証券を使用する労働
生産物交換所での取引を提案しました. 労働証券とは財の生産に要
した労働時間を登録した証書で, 生産者は自分の労働生産物を交換
所に持ち込んでこの証券を受け取り, そこでこの証券を自分の欲し
い財の購入に充てます[4].

　オーウェンの構想は実現するには至りませんでしたが, 労働力商
品化に対抗する協同組合運動の精神的支柱になりました. オーウェ
ンの取り組みに関して, ポランニーは「近代的人間の全面的開花を
主張するオーウェニズムではあっても, 中世からの遺産である共同
体的な生活を思わせる要素が依然としてまとわりついていた」(ポ
ランニー 2009, p.306) という興味深いコメントを残しています.

　ちなみに, ポランニーは, オーウェンがニュー・ラナアックの経
験から教えられたこととして, 次のような点に着目しています.

　　労働者の生活において, 賃金というものは, 自然環境, 家庭環

---

　2)　オウエン (1961) p.208 参照.
　3)　五島・坂本 (1980) p.240 および p.260 参照.
　4)　五島・坂本 (1980) pp.44-45 および pp.210-211 参照.

境，商品の質と価格，雇用の安定性，財産保有の安全性といった多くの要素のうちの一つにすぎない（ポラニー 2009，p.307）．

労働者に提供されたものの中には，賃金以外に多くのものが含まれていた．児童・成人の教育，娯楽・ダンス・音楽の施設，老いも若きも高い道徳規範や人間的規範を身につけているという一般的想定．これらによって，産業労働者全体が新しい地位を獲得したような雰囲気が創り出された（同上書）．

これらは人間らしい生活に必要なゆたかな食料をもたらす実質賃金の上昇よりも大切な利点であった（同上書）．

経済学者ジョン・スチュアート・ミル（1806‐1873）は，1852年に出版された『経済学原理』第三版で，「労働者たちがその作業を営むための資本を共同で所有し，かつ自分自身で選出し，また罷免しうる支配人のもとで労働するところの，労働者たち自身平等という条件に則った共同組織」（ミル 1961，p.154）という観念が，オーウェンなどの社会主義者の著作に書き留められた理論の段階から，1848年のフランス革命で立ち上がった労働者による実践の段階までに至ったと述べ，フランスにおけるピアノ製作工場の事例を紹介します．また，1862年の第五版においても，イギリスのリーズ製粉工場やロッチデール・パイオニア協同組合の事例などに言及しています．後者は，1844年に食料品部の店舗が業務を開始しましたが，その後，衣料品部，食肉部，製靴部，履物部，仕立部，卸売部が追加されました．その後，協同組合は本格的製造工場にも事業を拡張しました[5]．古典派最後の世代の経済学者であったミルは，市場原理の一般性を説きつつ，他方では資本家的生産による弊害を取

り除くため，労使双方あるいは労働者による協同組合を構想したの
です．

　ミルは，資本家的生産が発展すればするほど，工業においても農
業においても生産現場で働く労働者の生活が非自立的で退廃的にな
ることに批判的でした．そのような観点から，工業においては労働
者の自主管理組合や協同組合に期待を寄せ，農業においては，土地
を耕作している労働者のほかには地主も借地農業家もいない自作農
制度を高く評価しました[6]．

2．恐慌と失業

(a) シュムペーターの対応策

　第 8 章で確認したように，不況期は旧式の過剰資本を一掃して新
結合を開始するための準備期間と捉えることができます．しかし，
好況から不況への転換点では，大量の企業倒産と失業を伴う恐慌が
しばしば発生します．シュムペーターは，「失業の特性が本質的に
一時的なものにすぎないとしても，それが失業に見舞われた人々に
とっては大きな，場合によっては破滅的な不幸であること」（シュ
ムペーター 1977b, p. 256）は否定できないと言います．

　そこで，彼は恐慌の予防法や治療法に関する研究を要請します．
「結局において最も重要な，そしていかなる異論にも曝されない唯
一の治療法は景気予測の改善である」（同上書，p. 262）と述べるシュ
ムペーターは，実業界が景気循環を熟知するようになると，それ

---

　　5)　ミル『経済学原理』第 4 篇第 7 章 6「労働者たち同志の間の共同組織の実
　　　例」（ミル 1961, pp. 153-194）参照．
　　6)　ミル『経済学原理』第 2 篇第 6 章「自作農について」（ミル 1960, pp.
　　　113-181）および第 7 章「同じ主題のつづき」（同上書，pp. 182-198）．

は企業の組織化（トラスト化）とあいまって，好ましい治療法につながると考えます．たとえば，景気循環の正確な情報は，国家企業や大コンツェルンが新規投資の延期を判断するように促します．これは，「新結合の群生的出現を緩和し，好況のインフレーションと不況のデフレーションの力を減殺し，したがって波状運動や恐慌の危険やそれにもかかわらず出現する恐慌類似の現象の結果を緩和する有効な手段」（同上書）だと彼は考えます．

　シュムペーターの論点を整理してみると，①資本家的生産様式にとって景気循環とりわけ不況期は必然である，②なぜなら，不況期を通して資本は旧結合から新結合に進化するからである，③ところが，恐慌は人々を失業させ，不幸をもたらす，④そこで，不況期の理論的意義を否定せずに恐慌を回避するため，景気波動をなだらかにすることが求められる，ということになります．シュムペーターは，資本の運動法則が人間の生活に必然的に不幸をもたらすことを危惧していました．そこで，上記のように景気循環の波動をなだらかにし不幸な結果を最小限にとどめることを提案したのです．

（b）ケインズの対応策

　シュムペーターは，恐慌現象を市場原理に沿う形で治療することを提案しました．しかしながら，1929 年に勃発した世界大恐慌とそれに続く長期不況は，市場の内部での恐慌の治療を無力なものにしてしまいました．このような状況下で，ジョン・メイナード・ケインズ（1883‒1946）は，社会の側から自由市場に干渉することの必要性を提唱しました．具体的には投資家の心理に踏み込んで，それと景気循環の理論との接合を図る考え方を示しました．

　ケインズは，資本の限界効率という概念を用いています[7]．資本の限界効率とは，資本設備の将来の収益に対する長期の期待に依存

した概念です．ケインズは，景気循環は資本の限界効率の循環的変動により惹き起こされると考えました[8]．

たとえば，好況局面では人々の将来予測は楽観的です．将来の限界収益をプラスと見込めば株価も当然上昇します．資本の限界効率は，資本設備の蓄積，生産費用の上昇，利子率の上昇など悪条件を相殺して上昇します．金融資産を購入した一般市民は，資産の実体的な内容について知識がなく，他方，投機の専門家は短期に実現できるキャピタル・ゲインに対する期待に基づいて行動しますから，株価（および長期金融資産の市場価格）は，長期的視点から計算された実質価値を大きく上回ります[9]．

やがて，幻想は崩れ，人々の期待は下方修正され，株価は暴落します．その結果，流動性選好（＝証券より貨幣を保有することを好むこと）が高まって，貨幣需要が増大し，利子率が上昇します．このようにして，資本の限界効率が低下すると，投資量が大幅に減少し，生産要素に対する有効需要も減って，雇用量の大幅な減少を招きます．ここで，非自発的失業（＝有効需要の不足により生ずる失業）が大量に発生し恐慌が勃発します．こうして，資本の限界効率の崩壊は，流動性の危機を生み，経済停滞が続くことになります．

このような場合には，利子率を下げても投資そのものが増えないため，景気回復の契機にならないと考えられます．したがって，金融政策だけに依存していても恐慌から脱出することはできません．

---

7)　ケインズ（2008a）第4篇第11章「資本の限界効率」，および宇沢（1984）pp. 209-224 参照.

8)　以下，ケインズの景気循環論はケインズ（2008b）第6編第22章「景気循環に関する覚書」，および宇沢（1984）pp. 355-363 参照.

9)　ケインズ（2008a）第4篇第12章「長期期待の状態」，および宇沢（1984）pp. 224-242 参照.

ケインズは，恐慌を内包する景気循環は，自由放任の資本主義経済では不可避の現象であり，投資を社会的に望ましい水準に維持するためには，それを私的な手段に委ねておくことはできないと考えます．そして，大恐慌以来の失業の本質は非自発的失業であるとして，公共投資で有効需要を喚起することを主張します．

（c）ゲゼルの貨幣改革論

　ところで，ケインズは，公共投資とは別ルートで有効需要を引き出すことを試みたシルヴィオ・ゲゼルの貨幣改革論にも注目しました[10]．ゲゼルは，不況期に人々が将来の支払いに備えるため貨幣を退蔵すると，市場取引に必要な通貨が不足するため，貨幣に一般の商品と同様の持ち越し費用（在庫保管費用に該当）を課して退蔵を阻止すれば，市中に通貨が出回り，有効需要も喚起されると考え，スタンプ付き貨幣の提案を行いました．スタンプ貨幣は，毎月印紙を購入して紙幣の上に貼らなければ通用しない貨幣であり，時間とともに貨幣価値が減っていく仕組みになっています（減価する貨幣）．

　ケインズは，貨幣利子率＞資本の限界効率の場合，貨幣は退蔵されるため，貨幣利子率－資本の限界効率＝スタンプ率となるようなスタンプを毎月紙幣に貼付して，市場で流通させれば貨幣の退蔵はなくなり有効需要が増えると考え，ゲゼルの考え方を理論的に意味があるものとして認めました[11]．

　ケインズは，高利貸しや不労所得で生活する金持ちを軽蔑し，できることならゲゼルのような貨幣制度を導入したほうがよいと考えました．しかし，現実にはそれは難しいだろうとも考えました．な

---

10)　ケインズ（2008b）pp. 144-151 参照.
11)　室田（2004）pp. 32-34 参照.

ぜなら，国家が減価する貨幣を唯一の法貨として独占的に発行し，金のように劣化しないものを貨幣形態から排除したとしても，ダイヤモンドとか宝石引き換え券のような代替物が次々と現れて，蓄蔵手段として機能してしまうからです．減価する貨幣が金貨幣に取って代われば，減価する貨幣は全目的貨幣ではなく特殊目的貨幣[12] として機能するようになり，その結果，蓄蔵手段としての機能は減価する貨幣以外の価値物が担うことになります．そのような価値物をどうやって規制することができるのか，実際には無理ではないかと，ケインズは減価する貨幣の現実の運用には悲観的でした（ケインズ 2008b，pp.150-151）．

　さて，スタンプ付き貨幣の実践例としては，バイエルンの炭鉱町シュヴァネンキルヘンで1931年，倒産した炭鉱を買い取った企業家が，労働者にスタンプ付き紙幣ヴェーラ（Waera）を給与として渡した事例があります[13]．労働者は地域の小売店で買い物をするのにスタンプ貨幣で支払い，さらに卸業者，生産者もヴェーラを受け入れ，生産者はヴェーラで石炭を買う，という流れを通して，スタンプ貨幣は地域の経済活動を支えたのち発行元に戻りました（室田 2004，pp.36-38）．

　ゲゼルは，スタンプ貨幣を中央銀行券に代替する貨幣と考えましたが，実際にはシュヴァネンキルヘンのような地域社会の内部で流通することで効果を上げました．このように，地域社会内部で循環する通貨は，地域で失業している人々に購買力を与え，地域経済に貢献するよう方向づける力を持っています．今日，地域通貨に注目が集まるのは，一つには，地域住民に購買力を与えることで，地域

---

12)　全目的貨幣および特殊目的貨幣に関しては本書第5章第4節を参照．
13)　室田（2004）pp.36-37参照．

経済の循環を活性化することができる，と考えられているからです．地域通貨が利子生み資本に転化しない限り，地域で生み出された付加価値は地域の富として蓄積され，地域で消費されます[14]．

3.　金本位制と管理通貨制

　ここで，貨幣についてのポランニーの見解を見ておくことにしましょう．ポランニーは貨幣流通の問題として，貨幣が文字通り商品であったとしたなら，その供給不足からデフレーションが発生し，生産企業そのものが倒産する可能性がある，と指摘します．具体的には，金本位制度をめぐる問題です．

　金本位制は商品としての金を貨幣の本位と定め，銀行券の通貨価値を金貨幣に固定することを主な内容としています．国内通貨量が増加してインフレーションになり，銀行券の通貨価値が下がった場合は，直ちに通貨量を削減して銀行券の価値を金貨幣の価値に戻すことを要求します．銀行券の発行は信用取引に伴って行われますから，通貨量の削減は信用取引の制限を意味します．信用の収縮は企業活動の停滞を意味し，企業の中には倒産を余儀なくされるものも現れます．

　イギリスでは第 8 章第 2 節（a）で見たように，17 世紀末に国家に資金を貸し付ける機関としてイングランド銀行が設立されましたが，19 世紀の金本位制度の下で，政府は恐慌時に金本位制を停止して，イングランド銀行には，制限を超える銀行券発行を許しました．ポランニーは，一国の信用供給を中央銀行に集中化することによって，「デフレーションに伴う取引や雇用の全面的な混乱を回

---

14)　西部（2013）参照．

避し，いわば激しい衝撃を吸収し，その負担を国全体に分散させるというやり方でデフレーションを組織化することが可能となった」（ポランニー 2009, pp. 351-352）と述べています．このような中央銀行は，明らかに市場経済の内部で形成されるものではありません．ポランニーは次のように指摘します．

　　中央銀行制度は，金本位制の自動作用を見せかけにすぎないものにした．中央銀行制度とは，集権的に管理された通貨を意味することになった．……国の造幣局は単に鋳貨の量目を保証しているだけに見えるが，実は国は，税やその他の支払いとしてみずから受け取っていた紙券貨幣の価値の保証者であった．この場合の貨幣は交換手段ではなかった．……それは商品ではなく，購買力であった．それ自体は決して有用性を持つものでなく，購入されるものに対する数量的な請求権を表す計算手段に過ぎなかった．購買力を持つこうした紙券貨幣の持ち分に従って分配が行われる社会は，明らかに市場経済とは全く異なる構造体であった（ポランニー 2009, pp. 354-355）．

　このように，購買力としての銀行券を独占的に発行する中央銀行は，社会が恐慌に苦しんでいるときに，金本位制の拘束から解放され，市場の自己調整作用から貨幣供給を切り離して企業や社会を防衛する機能を果たすことになりました[15]．また，ポランニーは第 5 章の注 7 で指摘したように，ポスト市場社会における特殊目的貨幣の再生の可能性についても注目していました．

4. 通貨の自由発行

　シュムペーターやケインズ，およびポランニーは，総じて通貨発行権を独占する中央銀行の存在を前提とし，失業者を救済し，雇用を増やすという社会的要請に，国や中央銀行がいかに対応すべきか，という問題意識を共有していたように思われます．これに対して，フリードリッヒ・A・ハイエク（1899‐1992）は通貨発行権を国家ないし中央銀行が独占すること自体を問題とし，通貨発行の自由化を提唱しました．ハイエクの問題意識は，貨幣もまた資金として商品である以上，市場での自由取引の対象になるとし，国や中央銀行による通貨の管理は市場原理に反するというものです[16]．

　ただし，ハイエクの市場概念は新古典派の市場原理とはかなり趣が異なります．ここでは，ハイエクの通貨発行自由化案に即して，ハイエクの市場概念の背後に想定されている社会的枠組みを明らかにします．ハイエクは，国家の独占的な貨幣発行権を廃止することにより，新たに，私的銀行が特定の商品バスケットを本位として自由に銀行券を通貨として発行することを認める貨幣制度を提唱します．この制度の下では，複数の銀行が発行する通貨が市場で競争を行い，通貨価値の安定性の最も高いものが選択され生き残るとされます．ここで興味深いのは，商品バスケットの内容が地域ごとに異

---

15)　ちなみに，1929 年の世界恐慌以後，多くの国が金本位制度を廃して管理通貨制度を採用しました．管理通貨制度は，「一国の通貨量を金保有量の増減に直接的にリンクさせることなく，金融政策の目標の実現を通貨管理当局の自由な裁量によって調節する制度」（『ブリタニカ国際大百科事典』参照）です．ポランニーは，すでに 19 世紀のイギリスで管理通貨制度が芽生えていたことを認めていたことになります．

16)　ハイエク（1988）参照．

なっていることです．例えば農業地域では主要な農産物によって商品バスケットの内容が定められ，このバスケットを構成する生産物が通貨価値を支えることになるのです．

　金本位制のように唯一金商品の価格によって貨幣価値が決まるのではなく，地域の生産物によって貨幣価値が決まるということは，貨幣価値が地域の生産活動を反映したものであることを意味しています．もちろん，原油生産地域では石油本位の通貨が発行され，それは原油輸入地域でも広く流通することになるでしょう．しかし，地域で必要とされるものを地域で生産するような領域では，地域の生産物を本位とする地域通貨を発行することも可能となります．ハイエクの通貨発行自由化案には，このように，地域社会の経済構造に即した通貨発行の自由化も含まれています[17]．ハイエクは，一方で商品世界における自由競争を認めつつも，他方で地域に固有な経済活動と結びついた市場を支持している点で，新古典派の市場原理に包摂されない市場の多様性を認めていると言うことができます．

5．まとめ

　資本家的生産様式は，労働者に対し，人間としての尊厳を貶め，健康を損ない，命をすり減らすような工場労働を強いてきました．この「悪魔のひき臼」[18] に対しては，19世紀初頭からオーウェンなどの社会改良主義者が，協同組合運動や自主管理運動を提唱し実践してきました．今日においても，資本家的生産様式に対する様々

17）「価値が主としてある生活様式またはある支配的な産業群にとって重要な商品に基礎づけられている通貨は，他の通貨に対して相対的により大きく変動するかもしれない．けれどもなおこの通貨は特定の職業と習慣を持つ人々の間で固有の利用者をもち続けるであろう」（ハイエク 1988, p.95）．

なオルタナティブ運動の中で，オーウェンに代表されるような社会改良の精神が受け継がれています．

　資本家的生産様式は，また，景気循環を通して周期的に失業者や生活困窮者を生み出してきました．シュムペーターが明らかにしたように，大量の失業者を生み出す恐慌は，企業家に新結合を促す不況期への準備段階として理論的に必要不可欠なものだからです．したがって，人間の生活に対する恐慌の影響をやわらげるためには，シュムペーターが強調するように，景気予測の精度を上げて，景気循環の波をなだらかにするような市場への介入が必要になります．具体的には金融政策になりますが，シュムペーター自身は中央銀行が権力を持ちすぎて過剰に市場に介入することには懐疑的でした．他方，それにもかかわらず生じる失業者の大群に対しては，ケインズが提唱したように市場外部での公共投資による購買力の再分配が必要となります．

　失業対策は購買力としての貨幣の存在に改めて私たちの注意を向けさせます．ゲゼルのスタンプ通貨やハイエクの商品バスケット本位制などは，ゲゼルやハイエク自身の思惑とは別に，地域社会という独自の場において人的資本とは異なる人間の在り方，利子生み資本とは異なる貨幣の在り方が可能であることを示唆しています．

---

18)　ウィリアム・ブレイクの詩篇『ミルトン』(1804 年) の一節からポランニーが引用した句．ポランニーは，「18 世紀における産業革命の核心には，生産用具のほとんど奇跡的ともいえる進歩があった．しかしそれは同時に，一般民衆の生活の破局的な混乱を伴っていた」(ポラニー 2009, p.59) として，「どのような『悪魔のひき臼』が人間を浮浪する群衆へとひき裂いたのか」(同上書) と，第二次土地囲い込みを「悪魔のひき臼」にたとえています．ちなみにポラニー (2009) の訳注では「ブレイクは，産業革命という技術の発展過程がもつ文化に対する破壊性を，ロゴスの力で生命を粉々にする『悪魔のひき臼』にたとえている」(ポラニー 2009, p.72) と説明されています．

第 11 章　自然の脱資本化
—— 環境負荷を環境容量より小さくする

　前章で取り上げたケインズの公共投資論は，本来，不況を好況に転換させるための短期理論でしたが，その後，ケインズ派のマクロ経済学者は，ケインズ理論を長期のトレンドに一般化しました．つまり，好況期に有効需要を増加させることにより，民間の自発的投資を無限に促進することが可能と考えたのです．その結果，第二次世界大戦後の高度経済成長が現実のものとなりました．しかし，それは近代的経済運営に特有な天然資源の食いつぶしを「より高い率で幾何級数的に増加」させることにつながり，環境破壊に歯止めをかけることからはますます遠ざかる結果を招きました[1].

　本章では，まず，資本家的生産の初期段階で提起されていた資源の枯渇問題を取り上げ，ついで，環境の汚染や破壊を社会的に規制する社会的共通資本の考え方を紹介し，さらに，環境に過剰な負荷をかけ続ける経済成長を終わらせるための代替的な考え方として，定常経済と脱成長を紹介します．

---

1)　柴田敬『地球破壊と経済学』第 1 部第 2 章第 2 節 C「ケインズ理論の世界史的役割」を参照（柴田 1973）.

1. 自然の制約

　マルサスは『経済学原理』を出版するより以前, 1798 年に『人口論』を発表し, 人口は抑制されなければ幾何級数的に増加するのに対し, 生活資料のもととなる農産物は算術級数的にしか増えないという命題を明らかにしました[2]. 当時はまだ生態系という概念がありませんでしたが, 人間の経済活動にとって自然の制約が存在することを経済学者として初めて明らかにしたと言うことができます. この命題から導かれる結論は, 何らの対策も施されなければ, 食料が枯渇して人類は遅かれ早かれ滅びるだろう, ということです. ただし, 実際には農業生産力が高まり, 自由貿易によって穀物の取引量が増えたため, その後, 食料の枯渇問題が深刻に論じられることはなくなりました. しかも, 『経済学原理』において,

> 　土地は生活の必需品を生産し, ——それによって, 否それだけによって, 人口の増大がもたらされ, また養われる手段を生産する, ということは断じて真実である. この点において, それは人間に知られている他のあらゆる種類の機械と根本的に違っている. したがって, その使用はある特殊の結果をともなう, と考えるのは当然である (マルサス 1968, p.199).

と書いて, 『人口論』の立場を大幅に軌道修正しています. すでに第 4 章第 3 節で言及したように, マルサスは, 農業と工業の本質的差異を重視しており, リカードゥ流の工業生産力の一般化に強く抵

---

　2)　マルサス (1973) p. 23 および p. 26 参照.

抗しています.

　マルサスが『人口論』で提起した食料枯渇問題は, 19 世紀中ごろには, 工業資源の枯渇という問題に姿を変えて, ウィリアム・スタンリー・ジェボンズ (1835 - 1882) によって提起されます. ジェボンズは, 1865 年に『石炭問題』(Jevons 1865) を著し, イギリスの石炭消費量が, 石炭の燃焼効率の上昇にもかかわらず減少せず, むしろ, 石炭利用の範囲が広がることによって増え続けると指摘し, 将来, イギリスが石炭資源の枯渇問題に直面することを予言しました. しかし, 現実には, 石油資源が開発され, 石炭から石油へのエネルギー転換が生じて, 石油がふんだんに利用可能になったため, ジェボンズの問題提起は忘れ去られていきました[3].

　ジェボンズが再び注目されるようになったのは, 1970 年代の二度にわたるオイル・ショックがきっかけでした. 当時, エネルギー問題に注目が集まり, 石油枯渇 30 年説も唱えられました. しかし, オイル・ショックは中東の石油輸出国が政策的に石油価格を釣り上げたことが原因で発生したものであり, 石油資源の枯渇が実際に生じたためではありません. むしろ, その後の動きを見てみれば, 石油資源の使用を減らそうとする政策は, 枯渇問題への対応ではなく, 二酸化炭素問題への対応であることが明らかです.

　今日, 三たびジェボンズが注目されていますが, その理由は, いわゆるジェボンズのパラドックス, すなわち, 「資源利用の効率を上げれば, 資源使用量は減るのではなく, むしろ増加する」という

---

　3)　室田 (1979) の第 1 章「ジェヴォンズからソディへ」で, ジェボンズの問題提起をめぐる詳しい分析がなされています. なお, 室田 (2001) の序章「エコノミーとエコロジー ―― 柴田敬の壊禍法則に寄せて」では, ジェボンズの問題提起の数少ない理解者として経済学者柴田敬の業績が紹介されています.

命題によるものです. すなわち, 資源の利用効率を高めると, かえって資源使用量が増え, 環境への負荷が増大するということです. 要するに, 生産効率の上昇が環境負荷の軽減につながらないという文脈において, ジェボンズの命題が再評価されているのです.

　ところで, マルサスの人口問題は 1960 年代後半から再び活発に検討されるようになりました. ここで, もう一人, 今度は経済学者ではありませんが, 人間の経済活動に対する自然の制約を「コモンズの悲劇」という命題で提示したギャレット・ハーディンの仮説を紹介しておきます. 生態学者のハーディンは 1968 年に "The Tragedy of the Commons" という論文を *Science* 誌に発表し, 次のように述べました (Hardin 1968). 誰もが自由にアクセスできる牧草地においては, 牧夫たちは可能な限り多くの牛を放牧しようとします. なぜなら, 牧草地に牛 1 頭を追加的に投入することでもたらされる利益は, この牛の所有主である牧夫個人のものですが, この牛 1 頭が追加投入されたことで失われる利益, すなわち牧草の減少は, この牧草地を利用する牧夫全員によって薄く広く分担されるため, 牧草地の牛の総数が牧草地の収容力を超えても, 牧夫たちはなお放牧する牛の数を増やそうとするからです. その結果, 牧夫全員が破滅することになります. これをハーディンは「コモンズの悲劇」と名づけました.

　ハーディンは, この説明で例示した牧草地のように, 所有権が設定されておらず自由にアクセス可能な共有地ないし共有資源をコモンズと呼んでいます. しかし, 実際には, 里山のような入会地, 地先の海のような里海は, 地域コミュニティによって管理されており, けっして無制限に資源を収奪することができるわけではありません. ハーディン自身も, のちに様々な研究者から批判を受けてこのことに気づき, 「コモンズの悲劇」で取り上げたコモンズは無管理状態

のコモンズを意味していたことに，改めて言及しています（Hardin 1993, pp. 216-218）.

　実は，ハーディンの「コモンズの悲劇」命題は，限られた世界において人口増加を放置すれば人類は破滅する，という問題を明らかにするために持ち出されたものです．それは単に資源の枯渇に関してのみ当てはまるものではありません．ハーディンは，人口の増加が環境汚染を増大させ，やがて環境の収容力を超えることになれば，ここでもまた「コモンズの悲劇」が生じるだろうと考えました．

2. エコロジカル・フットプリント

　ここで，今まさに発生している「コモンズの悲劇」を表す指標として，エコロジカル・フットプリント（Ecological Footprint, 以下 EF と略す）に言及しておきましょう．EF とは，人間の経済活動が必要とする生態系をその面積で表したものです．文字通りには，生態系に対する踏み付け面積のことです．EF には，木材を供給する林地や漁場，放牧地，耕作地など，資源の供給に必要な面積が含まれます．また，廃棄物（二酸化炭素）を吸収するために必要な森林などの面積も含まれます．さらに，都市や道路網など，開発によって自然を改変し人工物で占められるようになった面積も含まれます．EF は生態系に与える負荷の程度を表す指標として用いられます．

　生態系は，このような環境負荷を受けながらも，年々再生することが可能です．伐採された林地は植林され，漁獲された海では次世代の魚が育ち，家畜が食事をした後の草原では牧草が育ち，野菜を収穫した後の畑にはまた野菜が育ちます．また，二酸化炭素の吸収源である森林も乱伐されなければ面積を維持することができます．この生態系の再生能力をバイオ・キャパシティー（Bio-capacity, 環

境収容力，以下 BC と略す）と呼びます．生態系が豊かであれば BC も大きい値を示します．EF が BC に比較して十分に小さいときは，生態系は早く再生します．逆に，EF が BC を上回った場合はオーバーシュートが発生しており，生態系の再生が遅れます．

　BC は地球上に存在する生態系の面積で表します．ここで注意しておく必要があるのは，世界各地の生態系には再生のスピードに差がある，ということです．シベリアの森林は時間をかけて育ちますが，アマゾンの森林は急速に生長します．漁場でも魚の総数が減ってくると元に戻るための時間が長くかかります．こうした生態系の再生能力のばらつきを平均化した単位がグローバル・ヘクタール（gha）です．以下の説明では，面積はすべてグローバル・ヘクタールで表しますので，地域ごとの実際の生態系面積とは多少のずれが生じます．

　いま，BC を地球一個分の生態系面積と捉えて，EF が地球何個分に相当するかを見てみましょう．2020 年の一人当たり平均 EF は 2.5gha でしたが，BC は 1.6gha しかありませんでした（WWF, Living Planet Report 2020, p.57）．したがって，EF は地球約 1.56 個分の生態系に相当することになります（同上書，p.56）．ここで，図 11-1 を参照しつつ，EF の内訳を見ることにしましょう．その半分は化石燃料を燃やした結果発生した二酸化炭素です．残りの半分は農林水産業に由来するものと人工物に由来するものです．

　過去にさかのぼってみると，1960 年代から世界の EF が大幅な増加を続けていますが，1970 年ごろ，EF は BC の値を凌駕して，オーバーシュートを起こしています．二酸化炭素の増大が主要因ですが，畑地の拡大も見逃せません．まさに，ハーディンが「コモンズの悲劇」によって予言したことが現実のものとなりつつあると言えるでしょう．

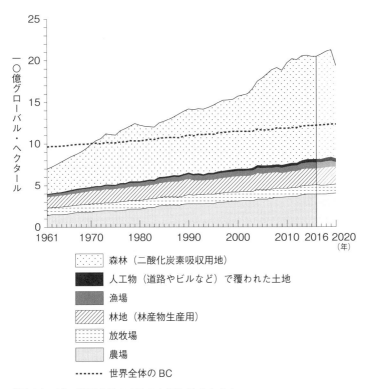

【図 11‑1】　世界全体の EF の内訳とその大きさ

出所）WWF, Living Planet Report 2020, p. 57 をもとに筆者作成.

　ここで，国別の一人当たり EF と BC の比較をしましょう（表 11‑1）．注意しておくことは，国別 EF において，国の EF に国際貿易によって輸入される資源の EF が追加され，逆に輸出される資源の EF が差し引かれることです．たとえば，日本は石油や木材など大量の資源を輸入していますから，それだけ EF が大きくなります．また，日本は森林資源が豊かですが，人口密度が高いため一人当たりの BC は極めて低くなります．2008 年の日本人一人当たり平均

【表 11 - 1】　国別一人当たり EF と BC

順位	2008 年	EF（gha）	BC（gha）
1	アメリカ合衆国	7.19	3.86
2	オーストラリア	6.68	14.57
3	カナダ	6.43	14.92
4	スウェーデン	5.71	9.51
5	韓国	4.62	0.72
6	ドイツ	4.57	1.95
7	ロシア	4.40	6.62
8	日本	4.17	0.59
9	ブラジル	2.93	9.63
10	中国	2.13	0.87
11	インド	0.87	0.48
	世界平均	2.70	1.78

出所）WWF, Living Planet Report 2012 をもとに筆者作成．

EF は 4.17gha，同じく BC は 0.59gha でした．世界平均 BC は 1.78gha ですから，日本人が諸外国の生態系にいかに大きく依存しているかがわかるでしょう．自国の経済活動が，他国の生態系に多大な負荷をかけているという問題は，日本の場合極めて深刻です．

3.　社会的共通資本

　自然が擬制資本化され，自然資本として扱われるようになると，たとえば生態系の二酸化炭素吸収能力が，自然資本のもたらす配当として認識されます．そこで，この配当を資本還元したものが，二酸化炭素排出権証書の価格として認識されます．市場原理に任せておけば，二酸化炭素排出権取引市場が形成されて，自然資本は証券として切り売りされることになります．このように自然資本を商品として取引する市場に対しては，社会的規制を設けるべきという考

え方が，社会に対する市場の影響を緩和しようとする制度主義の立場から提出されています．

　ここで，経済学者宇沢弘文 (1928 - 2014) の提唱する社会的共通資本の概念を紹介しましょう．宇沢によれば，社会的共通資本は，一つの国ないし特定の地域に住むすべての人々が，ゆたかな経済生活を営み，すぐれた文化を展開し，人間的に魅力ある社会を持続的，安定的に維持することを可能にするような社会的装置を意味します．

　　社会的共通資本は自然環境，社会的インフラストラクチャー，制度資本の三つの大きな範疇にわけて考えることができる．大気，森林，河川，水，土壌などの自然環境，道路，交通機関，上下水道，電力・ガスなどの社会的インフラストラクチャー，そして教育，医療，司法，金融制度などの制度資本が社会的共通資本の重要な構成要素である．都市や農村も，さまざまな社会的共通資本からつくられているということもできる（宇沢 2000，p. ii）．

　この社会的共通資本の概念には，自然資本そのもののほかに，人的資本や社会資本に関連した諸要素が含まれています．しかも，そこには貨幣の発行と管理に関わる金融制度も含まれます．したがって，社会的共通資本は生産の三要素（労働力，土地，貨幣）を含む擬制資本を社会的に管理することを目的としています．

　　制度主義のもとでは，生産，流通，消費の過程で制約的となるような希少資源は，社会的共通資本と私的資本との二つに分類される．社会的共通資本は私的資本と異なって，個々の経済主体によって私的な観点から管理，運営されるものではなく，社

会全体にとって共通の資産として，社会的に管理，運営される
ものを一般的に総称する（同上書，p. 21）．

　ここで制度主義とは，市場もまた一つの社会的制度であり，実体
＝実在としての経済を維持し安定させるために機能させるべきであ
る，という視点から，市場原理が適用できる範囲を社会的にコント
ロールする立場をとる考え方です．

4．定常経済

　『エコロジー経済学』の著者の一人であるハーマン・デイリーは，
価格メカニズムによる市場財の効率的な配分機能を高く評価しつつ，
新古典派経済学が市場原理の適用限界を正しく設定していないこと
を批判します．彼は，新古典派経済学のパラダイムは，経済は無限
の自然の中に存在するというエンプティ・ワールド（虚ろな世界）
の考え方に依拠していると考えます．このパラダイムのもとでは，
無限の資源開発と資源消費とを前提として持続的経済成長が推進さ
れます．
　しかし，私たちの経済活動は地球生態系の容量をすでに大きく超
えてしまっています．いわば，経済は生態系のストックを食いつぶ
しながら，成長を続けている状態にあります．デイリーは，この現
実を正面から受け止めるためには，経済は有限な自然の中に存在し，
その限界内に経済規模を抑えるべきとするフル・ワールド（満杯の
世界）の考え方が必要だと主張します．そして，フル・ワールドを
中心概念とする新たなパラダイムのもとで，市場原理の働く範囲を

限定すべきだと考えます[4].

　デイリーによれば，新古典派経済学の考え方では，まず，価格メカニズムによる資源の効率的配分が出発点をなしており，それを前提として，富の公正な分配が検討されることになっています．経済の規模そのものについては，科学技術の発展により，自然的な制約は乗り越えることが可能である，ということになります．エンプティ・ワールドのパラダイムのもとでは，これは，必然的な論理展開になります．

　しかし，フル・ワールドのパラダイムではこうはなりません．環境への負荷が環境容量を超えている現状においては，まず経済の規模に上限を画し，規模を縮小することが最優先課題となります．次いで，人々のあいだの経済的不平等をなくすために，富を公正に分配することが二番目に重要な課題となります．その上で，利用可能な稀少資源を効率的に配分することが三番目の課題となります．

　ここでは，経済の規模に上限を画するという第一の課題について，デイリーの考え方を紹介します．まず，エンプティ・ワールドからフル・ワールドへのパラダイム・シフトは，理論的には，ミクロ経済における最適規模の概念をマクロ経済に援用することによって行われます．すなわち，ミクロ経済では，限界費用（生産を 1 単位増やすための追加費用）と限界便益（生産が 1 単位増えることで得られる追加便益）が均衡する点を超えて，個別企業の生産は拡張されません．

　マクロ経済でも，社会的限界費用（経済が 1 単位成長するために必要な社会的追加費用）と社会的限界便益（経済が 1 単位成長することによって得られる社会的追加便益）の均衡点を超えて経済成長を行わな

いことを明示するのです．ただし，社会的費用，社会的便益の概念
をあらかじめ確定する作業が必要となります．その上で，次のよう
な政策を提唱します．

　スループット（生産において自然から獲得する物質の総量で，生産物
および廃棄物の合計と一致）を，生態系の再生能力の範囲内に収まる
ように上限を設定します．そのために，課税の対象を付加価値から，
価値を付加される物すなわちスループットへとシフトさせます．具
体的には環境税の本格的導入になりますが，それが，個々の企業の
限界削減費用（汚染1単位を削減するための追加費用）を平準化し，ス
ループット総量を削減するように，税率を操作する試行錯誤が必要
です．また，危険物の処理や枯渇性資源の保護など，特定分野では
直接規制が必要です．

　このように，エコロジー経済学は，市場経済の規模に上限を設け，
それを超過した経済を縮小するためのマクロ政策に根拠を与えるも
のですが，デイリー自身は，縮小経済には踏み込まず，定常経済
（ないしゼロ成長）を提唱しています．定常経済とは，資本規模も人
口も付加価値も増加しない状態で，個人個人の生活がより良いもの
に向上することを目指しています[5]．定常経済は，資源の浪費を抑
制して，環境への負荷を減らし，むしろ付加価値の分配を公平・公
正にすることによって，人々の生活の質を高めようとする考え方に
よって支えられています．

―――――――――――――――

　5)　ミルが『経済学原理』第4編第6章「定常経済」で基本となる考え方を展
　　開しています（ミル 1961, pp.101-111).

5.　脱成長

　定常経済の考え方は，自己増殖する価値の運動体としての資本にとっては，剰余価値の拡大再生産から単純再生産に逆行することを意味するものであり，そもそも原理的に受け入れ可能ではありません．擬制資本の社会的管理は社会的共通資本によって管理可能となりますが，私的資本に関しては，それが活動基盤としている商品交換の領域そのものを縮小しなければ規制できません．そこで考え出されたのが脱成長です．

　脱成長は，市場経済そのものを縮小することによって，商品生産の領域を縮小し，したっがって商品生産に伴う付加価値生産も縮小し，他方で，自律協働的[6] な人間関係および人間と自然との関係を拡張することによって，「行為」による欲望充足の領域を増やすことを志向しています．つまり，商品所有による欲望充足から自律協働的行為による欲望充足への転換をめざしています．

　脱成長の提唱者で経済学者のセルジュ・ラトゥーシュは次のように述べています．

---

6)　自律協働とは，イリイチのいわゆる「コンヴィヴィアリティ」のことです．イリイチは，所有の極に偏った社会を商品集中社会と呼びますが，これに対して，行為に向かう力を重視する社会をコンヴィヴィアル（convivial）な社会と捉えています．コンヴィヴィアルとは，「一緒に生活する」とか「一緒に食事をする」を意味するラテン語の convivere から派生してきた言葉ですが，イリイチは単に「陽気な」とか「気持ちのいい」「懇親的な」という辞書に載っている意味ではなく，「自律性と別の自律性とが共存して働きあう状態」すなわち「自律協働的」という意味で用いています（山本 2009, p. 75).「自律」は，専門家から与えられたサービスに依存せずに自らを律することです．そのような能力を持った人間同士が，商品交換を媒介せずに相互に働きかけ支え合うこと，それが「協働」です．

成長と発展はそれぞれ資本蓄積の成長と資本主義の発展であり，〈脱成長〉は，蓄積，資本主義，搾取，略奪の縮小のほかにはない．蓄積の速度をゆるめるだけではなく，資本蓄積の破壊的なプロセスを逆転させるために，蓄積概念を根本から覆すことが重要である（ラトゥーシュ 2010, p.246）．

経済成長の想念から抜け出すことは，しかし，非常に具体的な断絶を意味する．経済主体の貪欲の放埒（常に最大の利潤を追求すること）を抑制する・制限するルールの確立が重要である．例えば，生態学的かつ社会的な保護主義，労働の法制化，企業の規模の制限などだ．第一に，労働・土地・貨幣の三つの擬制的商品を「脱商品化」しなければならない（ラトゥーシュ 2011, p.36）．

　ラトゥーシュによれば脱成長は，八つの再生プログラムの好循環を通して段階的に成し遂げられると考えられます．その八つとは，①再評価，②概念の再構築，③再構造化，④再分配，⑤再地域化，⑥削減，⑦再利用，⑧リサイクルです．これらの再生プログラムでは，誰がどのようなイニシアティブをとるのかが問題です[7]．これは社会的共通資本の管理を誰がするのかという問題と併せて考える必要があります．

　7）　ラトゥーシュ・アルパジェス（2014）は，一般の読者とくに若者に向けて脱成長をわかりやすく説明しています．

6. まとめ

　資本は，剰余価値の拡大再生産のため，人間の経済に「持続可能な成長」を強制します．しかし，持続可能な経済成長のためには物質的基盤の無限の拡張が必要です．ところが，今日すでに環境への負荷が環境容量を超過しており，経済の規模を縮小しなければこのオーバーシュート状態は克服できないことが見えてきました．本章では，この課題を解決するための基本的提言を紹介しました．社会的共通資本，定常経済，脱成長はいずれも，資本の自己増殖運動に対して社会的な制限を課するものです．

　ここで私たちがさらに検討しなければならないことは，生活世界を資本の論理から解放することと同時に，どのようにして等身大の生活世界を再生していくのか，ということです．

第12章　広義の経済学
——生命系と地域主義

　本書第Ⅰ部で，ポリティカル・エコノミーが登場してから，富の概念が生活必需品のような物質的で具体的なものから次第に剰余価値ないし付加価値という抽象度の高いものに変容したことを確認しました．そして，第Ⅱ部では剰余価値の拡大再生産を追求する資本の論理展開につれて，人間の経済およびその物質的基盤をなす自然と人間とのあいだの物質代謝過程が，剰余価値生産の道具とされることを確認しました．第Ⅲ部では，前々章と前章で，人間および自然を資本の論理から解放する様々な動向や提案を紹介してきました．

　本章では，擬制資本の枠組みから解き放たれた生活世界を，あらたに再構成していくための基本的な方法について検討します．具体的には，経済学者玉野井芳郎（1918‐1985）の提唱する広義の経済学を紹介しつつ，等身大の生活世界を見通すことを目指します．広義の経済学は，市場と工業の世界に立脚する狭義の経済学を批判する中で立ち上がってきた，生命系と地域主義に基づく経済学です．生命系は，人間の経済の営みを，ニュートン力学的な可逆の時間ではなく，エントロピー増大則にみられるような不可逆な時間の流れの中で分析することを要請します．地域主義は，人間の経済を均一

な商品世界での孤立した個人の営みとしてではなく，地域社会に固有な生活者の営みとして捉えることを要請します．

1．ポジの生産とネガの生産

　人間の欲望を満足させる物的手段の生産は，基本的に第一次財の獲得に向けて第二次財以上の高次財を加工し組み合わせる行程から成り立っています．この行程で，高次財は低次財を生産するため消費されます．このように，第一次財に向かって高次財が生産的に消費される行程をポジの行程と呼びます（図 12-1）．

【図 12 - 1】　ポジの行程
出所）筆者作成．

　さて，天然財も高次財も一次財も，それぞれの消費過程で廃物や廃熱が発生します．欲望充足のために使用された「財（goods）」がその役割を終えて廃物と廃熱となるわけですから，これらを合わせて「廃財（bads）」と名づけることにします．財の生産は廃財の生産を必然的に伴います．そこで，低次財から高次財にいたるすべての財の生産行程を廃財の発生過程と捉えて，これをネガの行程とします（図 12-2）[1]．

　1）「ポジの行程」「ネガの行程」の呼称は玉野井（1978）p.27 にもとづきます．

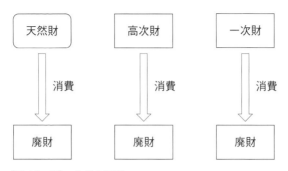

【図 12‐2】 ネガの行程
出所）筆者作成.

　ポジの行程とネガの行程とは，欲望満足という人間の目的にしたがって，同じ物的生産行程を二側面に分解して捉えたものです．そこで，つぎに，両側面を合成して，財と廃財の物的生産行程総体における物理的変化を概観しておきましょう．

　一般に，ひとかたまりの物質は時間と共に崩壊し，熱は高温部分から低温部分に向かって移動します．コンクリートの建物はいつしか崩れ去り，暖炉の熱は部屋中に拡散します．しかし，拡散した熱や物質は元に戻ることがありません．熱力学では，このような熱や物質の不可逆的な拡散現象をエントロピー（entropy）という概念を用いて表現します．エントロピーは熱や物質の拡散の度合いを示す指標であり，その拡散の程度が大きければ大きいほどエントロピーの値も大きくなります．拡散した熱や物質はそのままでは元に戻りませんから，もしそれらを低エントロピー状態にしようとしたら，新たなエネルギーの投入が必要になります．しかし，エネルギーの消費は新たなエントロピーの発生をもたらします．したがって，追加エネルギーも含めたシステム全体では，エントロピーは減少しません[2]．

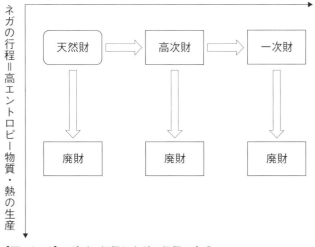

【図 12‑3】　ポジの行程とネガの行程の合成
出所）筆者作成.

　たとえば鉄鉱石の中に拡散している鉄に着目すれば，この鉄を不純物の中から取り出し純度の高い製品に加工するためには，溶鉱炉の中に鉄鉱石と石炭を投入し，石炭を燃やしてエネルギーを消費しなければなりません．このように，拡散した状態にある物質のエントロピーを下げるためには，エネルギーを投入することが必要であり，消費されたエネルギーのエントロピーは高まります．換言すれ

---

2)　熱力学第二法則では，熱と物質の出入りのない孤立系で熱は拡散するか，あるいはそれ以上拡散できない状態（＝熱死）にあるか，いずれかであり，拡散する前の状態に戻ることはない，とされています．経済学者ジョージェスク＝レーゲンは，これを巨視量の物質に拡張し，熱力学第四法則としました．すなわち，第四法則とは，「閉鎖系において，物質のエントロピーは究極的に最大値に達しなければならない，というものである」（ジョージェスク＝レーゲン 1981，p. 172）．

ば，低エントロピー物質を生成するポジの行程は，必然的に高エントロピー熱や物質を生み出すネガの行程を伴うことになります（図12-3）．

2. 生命系と生態系

　ところで，物理学者アーウィン・シュレーディンガーはエントロピー概念を生命活動の説明に用いました．シュレーディンガーは『生命とは何か』の中で，「物質代謝の本質は，生物体が生きているときにはどうしてもつくり出さざるをえないエントロピーを全部うまい具合に外へ棄てるということにあります」（シュレーディンガー 2008, p.141）と，説明しています．物理学者槌田敦は，シュレーディンガーのこの見解を重視し，「生きている系は代謝をつづけることによって，系の内部に発生するエントロピー（汚れ）を積極的に系の外へ捨て，系を再生している」（槌田 1982, p.136）と述べて，エントロピー代謝を中心においた生命系（living system）の概念を展開しました．すなわち，生命を維持する条件は，系内で生じる余剰エントロピーを系外に排出することによって，低エントロピーを系内にとり入れることです．したがって，物質代謝とは，生命系と環境とのあいだの低エントロピーと高エントロピーの交換であり，しかも，生命系が高エントロピーを捨てることがその本質をなしていることになります（図12-4）[3]．

　さて，生命系は生態系（eco-system）の中に位置づけられます．生態系は，系の内と外とのあいだで熱と物質の移動が可能な開放系です．系の内部では，食物連鎖によって動植物と土壌の中の微生物が結びついています．すなわち，動物の排泄物や，動植物の死骸は微生物によって分解されて表層土壌に無機物となって拡散されます．

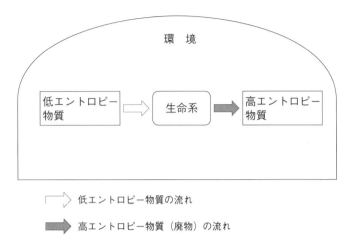

【図 12 ‐ 4】 生命系と環境との物質代謝＝エントロピー交換
出所）筆者作成.

　また，呼吸活動によって排出される二酸化炭素も大気中に拡散され
ます．他方，植物は表層土壌中の無機物を水分と共に吸収し，大気
中の窒素や二酸化炭素を取り込み，太陽光のもとで光合成をおこな
い，低エントロピーの組織を形成します．このように，物質につい
ては生態系内部で拡散と凝縮を繰り返しつつ，全体として物質エン
トロピーを低く保っています．玉野井は次のように指摘します．

　　このような非可逆的なエネルギーの流れと可逆的な物質の流れ

----

3)　槌田の提唱する生命系概念は玉野井によって積極的に受容され，広義の経
　　済学の中核に置かれることになりました．玉野井は，生命系を「生きている
　　ことから生じる余分なエントロピーを外に処理することによってオーヴァー
　　タイムに生命活動をみずから維持している系」（玉野井 1985, p. 15）と定義
　　しています．ちなみに，玉野井が最も重視しているのは，生命系は余剰エン
　　トロピーを自ら主体的に系外に捨てる，という点です.

をとおして，生命体を核とする生態系の再生産が維持されているようにみえる．重要なのは，このような生態系において，定常的で低いエントロピーの水準を維持する生命体が象徴するように，生物はわずかなエネルギーの出し入れでエントロピーを減少させているという厳然たる事実である（玉野井 1978, p.49）.

　ところで，生態系において発生する熱エントロピーは，地球の水循環および大気循環によって，大気上層に運ばれ，そこで赤外線となって宇宙空間に放射されます[4]．こうして，生態系が生み出す余剰な熱エントロピーは地球の外部へと処理されます．生態系は，太陽熱という低エントロピー熱を取り入れ，廃熱という高エントロピー熱を宇宙空間に捨てることによって，系内のエントロピーを低く保ちます．しかも，上空から地表に雨となって降ってくる水は低エントロピー状態です（図12-5）.

　さて，人間の経済には，ポジとネガの生産行程を通して，自然から資源を受け取り，廃棄物を自然に返すという物質の流れがあります．ところが，資本家的生産様式においては，価値形成・増殖過程は，ポジの生産行程に特化しつつ，ネガの行程を切り捨てる体系になっています．したがって，前章第4節で言及したように，スループットの利用量を生態系の再生能力の範囲内にとどめるためには，資本家的生産様式をいったん相対化して，ネガの行程を再確立することが重要になってきます．そのためには，ポジとネガの両行程を合わせ持つ農業的生産の理論的意味を再評価することが必要です．

　4）　槌田はこれを地球熱機関と呼んでいます（槌田 1992, p.128）.

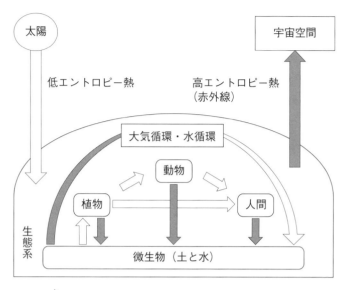

【図 12-5】 生態系のエントロピー代謝

出所）筆者作成.

3. 農業的生産の独自性

農業経済学者で社会主義者のエデュアルト・ダヴィッドは，農業と工業における生産方法の本質的相違を強調しました．玉野井はダヴィッドの議論に着目し，以下のように，その内容を要約して紹介しています．

有機的生産においては「生命あるものの展開」があり，機械的

生産においては「死んだ物体の加工」がある．後者においては，人間の合目的な意思が，意思のないままに移行する中間物の利用をとおして，生産に必要な実体の分離と結合の作用を行う．これにたいし農業では生産者である人間は，この分離・結合の活動を「生きた自然」の自律的作用にゆだねなければならない．この「生きた自然」こそ，ここでは直接の生産者なのであり，人間の労働はせいぜい二次的地位を占めるにすぎない．かくして，工業的財貨の生産は一つの機械的過程であり，農業的生産はひとつの有機的過程である（玉野井 1978, pp. 78-79）．

　機械的生産は工場の内部で行われます．人々は生活の場である家から工場に通ってそこで働き，作業が終われば家に帰って消費生活を行います．このように，機械的生産においては生産と生活の場ははっきり分離しています．資本家的生産様式はこのような機械的生産をモデルとしています．ダヴィッドは，農業的生産はこれとは全く異なる独自の作業過程があるとして，次のように述べます．

　　農業経営というのは一種の生活＝生命共同体であって，そこには機械的生産にその比を見ないような作業過程がある．……「農業経営は生命あるもののコスモスであって，そのなかに人間の質量的生活も入り込んでいる．そしてこのコスモスが閉じていればいるほど，すなわち，一つの経営として統合されている植物的・動物的生命過程の循環から生産物が外部に放出されることが少なければ少ないほど，ますます容易に土壌の平衡性，つまり収穫による栄養物の収取と施肥による栄養物の補給とのあいだの均衡が達成されるのである」（同上書，pp. 79-80）．

　ダヴィッドはここでは生態系の概念を用いていませんが，彼の言う「生命のあるもののコスモス」とは，人間がその内部に入り込みその一部を構成している生態系とみることができます．玉野井は，ダヴィッドの主張の要点を次のように総括します．

　　　工業＝機械的生産は生命のない設備のメカニズムにすぎず，人間の消費＝生活過程は生産工程の外部に存在する．ところが，農業＝有機的生産は一種の生命共同体を形成しており，……そこには人間の消費＝生活が質料的にもそのなかに関与しているひとつのコスモスがくりひろげられる．そしてこのコスモスをひとまず閉じることが，土壌の平衡性を確保するうえになによりも大切なことだというのである（同上書，p.80）．

　ここで，ダヴィッド＝玉野井説を次のように言い換えることができるでしょう．農業と工業は単なる産業の分類項目ではなく，有機的生産としての農業が生態系の営み（＝物質循環）の内部に位置づけられ，内部から生態系をはぐくみ支える働きをするのに対して，機械的生産としての工業が生態系の外部で発生する廃棄物や廃熱の処理を生態系に転嫁し，なおかつ，生態系維持のための機能を持たない，ということです．

　したがって，持続可能な人間の経済の物理的条件は，機械的生産の領域を縮小し有機的生産を復活させる，ということになります．そのためには，人間の生活基盤を生態系の中に埋め戻し，生態系を内側から再生させることが必要になります．

4.　地域主義

　生物共同体としての生態系の中に人間が入って，自分自身をその
システムに一体化するときに見えてくる生活世界とはどのようなも
のでしょうか．玉野井は，生態系とともにある人間の生活空間を，
人間の生きる「地域」空間と捉え，それを表象するために必要な限
りで，アリストテレスの「場所」の一般的規定を把握する必要があ
ると述べています．玉野井はベルグソンの，「場所とは物体を取り
囲むものであり，宝石が指輪の台にはめこまれてあるように，物体
は場所の中に包まれて保たれているのである．——いまわれわれは
一連の観念を知ることができたのであるが，これに導かれてアリス
トテレスは，場所とは包むものの内側の表面であると定義するに至
った」（ベルグソン 1965, p.236）という言説を重視します．そして，
それを踏まえて，「この場所の規定で重要なことは，……システム
の内部から光をあてようとしていること」（玉野井 1978, p.241）だ
と述べています．

　自分自身がその一部をなしている生物共同体というシステムをア
リストテレスの「物体」のようなものととらえると，それを包み込
むような「場所」として地域共同体が浮かび上がってきます．玉野
井が，「生態系は，人間が介在することによってはじめてその本来
の恒常性と質料代謝を自立的に確保されることにもなるといえない
だろうか」（同上書, p.35）というとき，そこには，人間の基礎的な
欲望を充足するための財を生産するために，畑を作り，里山を作り，
森林を作り，ため池を作り，用水路を作る，というような一連の活
動が想定されていたと思われます．そして，これらの人間活動が地
域共同体の中で行われることによって，そこに包み込まれている生

態系を持続的で多様で豊かなものする，と考えていたように思われます．

　したがって，玉野井の思考過程を敷衍すれば，放置しておけば時間とともに遷移が進行して極相に到達することになる生態系は，有機的生産という働きかけによって，人間と共存可能な状態を維持する，ということになります．つまり，人間が生物共同体の一員として生きることは，人間が生態系の遷移に対して受動的になることではなく，生態系の新たな更新を促すような能動的存在であると言うことができます[5]．このように，地域共同体の内部で有機的生産を営み，生態系を持続的に更新することで，地域共同体そのものが，経済的にも自立したものになると考えることができます．このような地域共同体と生物共同体の関係性に基づいて，地域主義（regionalism）の思想が展開されます．ここで，玉野井によって提唱された地域主義の定義を見ておくことにします．

　　地域に生きる生活者たちが，その自然・歴史・風土を背景に，
　　その地域社会または地域の共同体にたいして一体感をもち，経
　　済的自立性をふまえて，みずからの政治的・行政的自律性と文
　　化的独自性を追求すること（玉野井 1982，p.100）．

---

5)　欧米流の環境学では，第 1 章第 3 節で示唆したように農業を自然破壊的な
　　ものとして位置づける傾向がみられますが，多くの場合，灌漑による畑作を
　　モデルとしています．前章のエコロジカル・フットプリントの畑地もそのよ
　　うに捉えられています．灌漑農業では，畑地は千年単位で地下水の枯渇や土
　　壌の塩化によって耕作不能に陥りました（ポンティング 1994 参照）．これ
　　に対し，中国南部から東南アジア，そして日本に広がる稲作漁撈文明では，
　　数千年にわたって山と海を結ぶ河川流域の生態系を活用して耕作を維持して
　　きました（安田 2013 および安田 2016 参照）．その意味で，玉野井の地域主
　　義は西欧の歴史と日本の風土を両輪として構想されたと言えます．

　玉野井は，のちに地域主義を次のように三つの要素に分けて説明しています．

　　第一に，人間と自然との共生のあり方を重視するエコロジーの原理を基礎とする思想である（玉野井 1985, p.81）．

　　第二に，地域に生きる生活者たちの居住生活空間のスケールないしサイズを重視する思想である（同上書）．

　　第三に，このような地域主義は，ある意味では，"西ヨーロッパ的なもの"の別名といってもよいほど，もともと人間の個性と連帯（ゲノッセンシャフト）を尊重してきた西欧の国々の歴史と風土の中に滲みこんでいる（同上書, p.82）．

　第一の要素については，本章ですでに説明しました．そこで次に，第二および第三の要素に関する玉野井の言説を取り上げてみます．

　　わが国の場合は，市町村レヴェルの社会的基層の意義が重要である．この場合，地域を基層から築いていって，そのうえに初めて近代社会，ないし国民国家ができあがるというふうに考えてはならない．われわれにとって，18〜19 世紀に始まった近代社会ないし，国民国家はすでに前提としてある．問題は，その歴史的前提の形成を通して壊れていった部分，または放置しておけば壊れていく部分を，どうやって再生させるかというところから出発することにある（玉野井 1979, p.55）．

　地域主義は，国民国家に統合される過程で地域社会が失った自主

性・自律性・自立性を新しく再生させる考え方です．玉野井はその
イメージを次のように説明します．

> ムラというのは，そこに住む人たちがそこに一体化するひとつ
> の地域世界だと思う．それをたまたま共同体とよぶが，そうい
> う地域単位の人間の「行為の世界」というものがあるに違いな
> い．……このような新しい地域単位の世界とは，住民＝生活者
> が担い手となる自立した主体的空間──そこには地域エネルギ
> ーが確立し，水を貯留させる土壌，森林が作られ，生鮮食品は
> なるべく地元で生産・流通し，地縁技術が文化として活性化す
> るような生活空間──を指すものと考えるべきではないだろう
> か（玉野井 1982, p.128）．

　もちろん，人間の経済はこのような小さい領域で閉じるものでは
ありません．古代ギリシアのポリスのように，自給原則を補完する
ものとして外部との交易を位置づけることが必要になります．とり
わけ，地方都市と周辺農村がまとまって一つの自立した生活圏にな
るかどうかが重要なポイントになるでしょう．「平成の大合併」で
形の上では都市部と農村部が一つの自治体にくくられた地域の場合，
それが生活圏として自立した自治体になるためには，自治体内部の
地域の多様性を尊重して，有機的生産のネットワークを，新しく作
り出すことが求められると思います．国民国家の中にこのような意
味での自立した自治体を作っていくことが，地域主義の根本的な考
え方です[6]．

5. 地域生活者とジェンダー

　本書では,「人間の経済」に関して,「経済」の実体＝実在的意味に重点を置いて分析を進めてきました. 本書を締めくくるにあたって, やはり「人間」の意味を問うことなしには済まされないでしょう. すでに見たように, 資本は, 人間を人的資本と捉えるように私たちを促します. しかし, そのように捉えられた時の人間とは, まさしく功利主義的な経済人（homo economicus）です. 経済人にはもともと性別がありません. にもかかわらず, 資本は男性に賃仕事を与え, 女性を家に囲い込んでシャドウ・ワークを押し付けてきました. これはジェンダー・バイアスではなく, 次世代の労働者を生む女性の出産能力を手段として必要とする資本家的生産様式がもたらした性差別です.

　地域主義が想定する地域共同体の担い手は地域生活者です. 資本家的生産様式から解放された生活世界において, 人間はもはや賃金労働者とシャドウ・ワーカー（＝シャドウ・ワークの担い手）のペアではありません. では, 地域共同体ではジェンダーはどのように現れるでしょうか. あるいは, 地域共同体はジェンダーレス社会になるのでしょうか. 少なくとも, 地域共同体の内部では, 人間の活動

---

　6)　経済学者関根友彦は, 地域社会が大都市や工業都市の活動から不利益を被らないようにするために, 大都市や工業都市の立地する土地を, 地域社会が所有することを提案しています.「地域社会は土地所有権によって国家や都市に従属しないで済む. この点は重要である. たとえば日本に 1,500 から 2,000 ぐらいの地域社会（それぞれ 5 万から 10 万程度の人口をもつ）があるとすれば, 全国の土地を, 農地・山林・工業用地をとわず, これらのどれかが所有する. 場合によっては一区画の地券をいくつかの地域社会が分有することもある」（関根 1995, p.179）.

はそれぞれの地域の個性に合わせて，多様な現れ方をするはずです．
そこでは，生物共同体の構成員として，人間は生命の意味をより深
く理解し，生命を大切にするような様々な活動に従事することにな
るでしょう．

　そうすると，これまで，シャドウ・ワークという領域に閉じ込め
られてきた，生命を維持し守りはぐくむという人間の基本的活動の
社会的位置づけが変わってきます．それとともに，女性は賃労働者
の影に隠れたシャドウ・ワーカーから，地域共同体の中心的存在へ
と立場を変えるでしょう．なぜなら，地域共同体では，生命を維持
し守りはぐくむという人間の基本的活動は男性も女性も担わなけれ
ばならず，しかも生きた身体は女性から産まれるからです[7]．商品
交換を通しては地域の平和は守れないことを自覚する時，男性は自
らの立ち位置が資本家的生産様式の時代とは逆転していることに気
づくでしょう[8]．

---

　7)　玉野井は，「子供を産む＝生むということ，生命を自分のからだの内部で
　　育てるということ，こうした女性の視点こそは，絶対に男性のうかがい知る
　　ことのできない人間の世界ではないかと考えられるのです．このような男性
　　の知ることのできない世界を女性が知っているということ，もしそうであれ
　　ばこれを明らかにするのがジェンダーの世界についての最初の洞察ではない
　　でしょうか」（玉野井 1990，p.263）と述べ，イリイチのジェンダー論の核
　　心を明らかにします．イリイチは，「男も女も，その動きのひとつひとつを
　　とおして環境とみずから調和してゆくものだ．だが，くらしを破綻なく継承
　　させる女にとっては，空間との関係が，現象的にも特別な意味を帯びること
　　になる．……文化によっては，権力のより多くを女が握ったり，あるいは男
　　が握ったりするということがありうる．だが，女にとってのみ，生きること
　　と住むことは，からだを生じさせることを意味し，新たな生命のわだちを後
　　世にのこすことを意味する」（イリイチ 1984，pp.268-269）と述べて，女
　　性にとって過ごしやすい生活空間を重視しています．近代化は女性から彼女
　　たちの固有の居場所を奪い去り，女性をシャドウ・ワーク専用の家の中に囲
　　い込んでしまった，というのがイリイチと玉野井の最も強調したかった点で
　　す．

　等身大の生活世界においては，女性と男性が相互に補完しあいながら生命を大切にする活動に取り組み，地域で生きることを生活の中心に位置づけるようになります．こうした地域生活者たちの実践を通して，地域固有のジェンダーの世界が展開されることになるでしょう[9]．「人間の経済」における人間とは，まさしくここに示されている地域生活者にほかなりません．

6. まとめ

　広義の経済学は，1970年代から80年代にかけて玉野井によって提唱されました．ジェンダーに関する論考は，玉野井の最晩年のものであり，十分に掘り下げられていませんが，生命系に始まり命を大切にする地域共同体の主人公たる地域生活者の実体を明らかにするためには，ジェンダーは避けて通ることのできないテーマです．とりわけ，地域の過疎化と少子高齢化を深刻な社会問題として位置づけている今日の日本では，これらの問題の本質がどこにあるのかを見極めるためにも，広義の経済学によるアプローチが必要です．

　冷戦終結後の1990年代に急速に広まったグローバリゼーション

---

8)　玉野井は，「経済学的にいえば，平和というのは，商品交換を意味する」（玉野井 1985, p.107）と指摘し，地域の平和と経済的平和とは全く異なったものであることを強調します．

9)　資本家的生産様式によって破壊された古い時代のジェンダーの世界は決して取り戻せません．資本家的生産様式とともに現れた性差別を「伝統」と呼び，これを人々に押し付けることほど邪悪なことはありません．たとえば選択的夫婦別姓に対する頑強な反対論者は，家族の一体化や絆などという虚構によって，性差別的な近代家族を擁護しますが，これはまさに彼ら（彼女ら）が資本の論理に汚染されていることを表しています．広義の経済学におけるジェンダー論は，このように資本家社会的に転倒した虚構のジェンダーを批判するのにも有効です．

は，人間の経済を剰余価値生産のための手段としようとする資本家的生産様式の世界的な拡張を推進するものでした．しかし，それと同時に，環境破壊，貧富の格差，人間の尊厳の喪失など，資本家的生産様式の負の側面が急速に広がってきました．とりわけ，2020年から始まったコロナ禍や今年（2022年）勃発したロシアのウクライナ侵攻は，世界の人々に，人間の命を守ることとは何か，生活を守ることとは何か，尊厳を守ることとは何か，という人間の安全保障における根本問題を突き付けました．

　狭義の経済学が作り出した「持続可能な経済成長」という神話は，これらの問題に答えてはくれません．私たち21世紀に生きる者には，好むと好まざるとにかかわらず，広義の経済学が指し示す方向で問題に取り組むことが求められています．

参考文献

Hardin, Garrett（1968）, "The Tragedy of the Commons," *Science*, Vol. 162（3859）, 13 December 1968, pp. 1243-1248.

Hardin, Garrett（1993）, *Living Within Limits: Ecology, Economics, and Population Taboos*, New York: Oxford University Press.

Harris, Edward M., David M. Lewis, and Mark Woolmer（eds.）（2018）［2015］, *The Ancient Greek Economy: Markets, Households and City-States*, 1st paperback edition, New York: Cambridge University Press.

Jevons, William S.（1865）, *The Coal Question*, London.

Maruyama, Makoto（1988）, "Local Currency as a Convivial Tool: A Study of Money Uses from the Point of View of Substaintive Economy," 『明治学院論叢 国際学研究』第 3 巻, pp. 53-78.

Rosenman, Ellen（2012）, "On Enclosure Acts and the Commons," in: BRANCH. https://branchcollective.org/?ps_articles=ellen-rosenman-on-enclosure-acts-and-the-commons（2022 年 3 月 13 日アクセス）.

Schurtz, Heinrich（1898）, *Grundriss einer Entstehungsgeschichte des Geldes*, Weimar: Felber.

WWF（2012）, Living Planet Report 2012. https://www.worldwildlife.org/publications/living-planet-report-2012-biodiversity-biocapacity-and-better-choices（2022 年 6 月 29 日アクセス）.

WWF（2020）, Living Planet Report 2020. https://www.footprintnetwork.org/content/uploads/2020/09/LPR2020-Full-report-lo-res.pdf（2022 年 6 月 24 日アクセス）.

アリストテレス（1980）『アテナイ人の国制』（村川堅太郎訳）岩波文庫.

アリストテレス（2018a）「政治学」（神崎繁・相澤康隆・瀬口昌久訳）『新版 アリストテレス全集（17）』岩波書店.

アリストテレス（2018b）「家政論」（瀬口昌久訳）『新版 アリストテレス全集（17）』岩波書店.

飯塚信雄（1986）『男の家政学 —— なぜ〈女の家政〉になったか』朝日選書.

イリイチ，イヴァン（1984）『ジェンダー —— 女と男の世界』（玉野井芳郎訳）岩波現代選書．（Ivan Illich, *Gender*, New York: Pantheon Books, 1982）

イリイチ，イヴァン（2006）『シャドウ・ワーク —— 生活のあり方を問う』（玉野井芳郎・栗原彬訳）岩波現代文庫．（Ivan Illich, *Shadow Work*, London: Marion Boyars Publishers, 1981）

岩片磯雄（1988）『古代ギリシアの農業と経済』大明堂．

宇沢弘文（1984）『ケインズ「一般理論」を読む』岩波書店．

宇沢弘文（2000）『社会的共通資本』岩波新書．

宇野弘蔵（2010）『恐慌論』岩波文庫．

オウエン，ロバート（1961）『オウエン自叙伝』（五島茂訳）岩波文庫．（Robert Owen, *The Life of Robert Owen*, London: E. Wilson, 1857）

クセノフォン（2010）『オイコノミコス —— 家政について』（越前谷悦子訳）リーベル出版．

クセノポン（2000）「政府の財源」『クセノポン　小品集』（松本仁助訳）京都大学学術出版会．

ケインズ，J. M.（2008a）『雇用，利子および貨幣の一般理論（上）』（間宮陽介訳）岩波文庫．（John Maynard Keynes, *The General Theory of Employment, Interest and Money*, London: Macmillan, 1936）

ケインズ，J. M.（2008b）『雇用，利子および貨幣の一般理論（下）』（間宮陽介訳）岩波文庫．（John Maynard Keynes, *The General Theory of Employment, Interest and Money*, London: Macmillan, 1936）

ケネー，フランソワ（2013）『経済表〔改版〕』（平田清明・井上泰夫訳）岩波文庫．（François Quesnay, *Tableau Économique*, 最終版, 1767）

五島茂・坂本慶一責任編集（1980）『世界の名著（42）　オウエン　サン・シモン　フーリエ』中央公論社．

柴田敬（1973）『地球破壊と経済学』ミネルヴァ書房．

シュムペーター，J. A.（1972）『社会科学の過去と未来』（玉野井芳郎監修）ダイヤモンド社．

シュムペーター，J. A.（1977a）『経済発展の理論 —— 企業者利潤・資本・信用・利子および景気の回転に関する一研究（上）』（塩野谷祐一・中山伊知郎・東畑精一訳）岩波文庫．（Joseph A. Schumpeter, *Theorie der wirtschaftlichen Entwicklung: eine Untersuchung über Unterne-*

hmergewinn, Kapital, Kredit, Zins und den Konjunkturzyklus, 2 Aufl,
München: Duncker & Humblot, 1926)

シュムペーター，J. A.（1977b）『経済発展の理論 —— 企業者利潤・資本・
信用・利子および景気の回転に関する一研究（下）』（塩野谷祐一・中
山伊知郎・東畑精一訳）岩波文庫．（Joseph A. Schumpeter, *Theorie
der wirtschaftlichen Entwicklung: eine Untersuchung über Unterne-
hmergewinn, Kapital, Kredit, Zins und den Konjunkturzyklus*, 2 Aufl,
München: Duncker & Humblot, 1926）

シュムペーター，J. A.（1995）『新装版　資本主義・社会主義・民主主義』
（中山伊知郎・東畑精一訳）東洋経済新報社．（Joseph A. Schumpeter,
Capitalism, Socialism, and Democracy, 3rd Edition, London: G. Allen
& Unwin, 1950［1942］）

シュレーディンガー，エルヴィン（2008）『生命とは何か —— 物理的にみた
生細胞』（岡小天・鎮目恭夫訳）岩波文庫．（Erwin Schrödinger, *What
is Life?* Cambridge: Cambridge University Press, 1944）

ジョージェスク゠レーゲン，ニコラス（1981）『経済学の神話 —— エネルギ
ー，資源，環境に関する真実』（小出厚之助・室田武・鹿島信吾訳）東
洋経済新報社．（Nicholas Georgescu-Roegen, *Economics of Natural
Resources: Myths and Facts*, 1981）

ステュアート，ジェームズ（1980）『経済学原理　第 1 篇』（加藤一夫訳）
東京大学出版会．（James Steuart, *An Inquiry into the Principles of
Political Oeconomy*, London, 1767）

スミス，アダム（1978a）『国富論（1）』（大河内一男監訳）中公文庫．
（Adam Smith, *An Inquiry into the Nature and Cause of the Wealth of
Nations*, Dublin, 1776）

スミス，アダム（1978b）『国富論（2）』（大河内一男監訳）中公文庫．
（Adam Smith, *An Inquiry into the Nature and Cause of the Wealth of
Nations*, Dublin, 1776）

関根友彦（1995）『経済学の方向転換 —— 広義の経済学事始』東信堂．

玉野井芳郎（1978）『エコノミーとエコロジー —— 広義の経済学への道』み
すず書房．

玉野井芳郎（1979）『地域主義の思想』農山漁村文化協会．

玉野井芳郎（1982）『地域からの思索』沖縄タイムス社．

玉野井芳郎（1985）『科学文明の負荷 —— 等身大の生活世界の発見』論創社.

玉野井芳郎（1990）『玉野井芳郎著作集（4）』（中村尚司・樺山紘一編）学陽書房.

槌田敦（1982）『資源物理学入門』NHK ブックス.

槌田敦（1992）『熱学外論 —— 生命・環境を含む開放系の熱理論』朝倉書店.

デイリー，ハーマン・E.，ジョシュア・ファーレイ（2014）『エコロジー経済学 —— 原理と応用』（佐藤正弘訳）NTT 出版.（Herman E. Daly and Joshua C. Farley, *Ecological Economics: Principles and Applications*, 2nd edition, Washington: Island Press, 2011 ［2003］）

ドゥーデン，B.，C. v. ヴェールホーフ（1986）『家事労働と資本主義』（丸山真人編訳）岩波現代選書.

西部忠編著（2013）『地域通貨』ミネルヴァ書房.

ハイエク，F. A.（1988）『貨幣発行自由化論』（川口慎二訳）東洋経済新報社.（F. A. Hayek, *The Denationalization of Money*, 2nd edition, London: Institute of Economic Affairs, 1978 ［1976］）

ヒルファディング，ルドルフ（1982a）『金融資本論（上）〔改版〕』（岡崎次郎訳）岩波文庫.（Rudolf Hilferding, *Das Finanzkapital*, Wien: Wiener Volksbuchhandlung, 1910）

ヒルファディング，ルドルフ（1982b）『金融資本論（下）〔改版〕』（岡崎次郎訳）岩波文庫.（Rudolf Hilferding, *Das Finanzkapital*, Wien: Wiener Volksbuchhandlung, 1910）

廣松渉（1983）『物象化論の構図』岩波書店.

ブルンナー，オットー（1974）『ヨーロッパ　その歴史と精神』（石井紫郎・石川武・小倉欣一・成瀬治・平城照介・村上淳一・山田欣吾訳）岩波書店.（抄訳）（Otto Brunner, *Neue Wege der Verfassungs- und Sozialgeschichte*, 2., verm. Aufl., Göttingen: Vandenhoeck u. Ruprecht, 1968）

ヘーシオドス（1986）『仕事と日』（松平千秋訳）岩波文庫.

ペティ，ウィリアム（1952）『租税貢納論』（大内兵衛・松川七郎訳）岩波文庫.（William Petty, *A Treatise of Taxes and Contributions*, 1662）

ベルグソン，アンリ（1965）「アリストテレスの場所論」（村治能就・廣川洋一訳）『ベルグソン全集（1）』白水社.（Henri Bergson, *Quid Aristoteles de loco senserit*, 1889）

ポラニー，カール（2009）『新訳　大転換 —— 市場社会の形成と崩壊』（野口建彦・栖原学訳）東洋経済新報社．（Karl Polanyi, *The Great Transformation: The Political and Economic Origins of Our Time*, 2nd edition, Boston: Beacon Press, 2001［1944］）

ポランニー，カール（1980a）『人間の経済（1）—— 市場社会の虚構性』（玉野井芳郎・栗本慎一郎訳）岩波現代選書．（Karl Polanyi（author）, Harry W. Pearson（ed.）, *The Livelihood of Man*, New York, Academic Press, 1977）

ポランニー，カール（1980b）『人間の経済（2）—— 交易・貨幣および市場の出現』（玉野井芳郎・中野忠訳）岩波現代選書．（Karl Polanyi（author）, Harry W. Pearson（ed.）, *The Livelihood of Man*, New York, Academic Press, 1977）

ポランニー，カール（2003）『経済の文明史』（玉野井芳郎・平野健一郎編訳）ちくま学芸文庫．

ポンティング，クライブ（1994）『緑の世界史（上）（下）』（石弘之・京都大学環境史研究会訳）朝日選書．（Clive Ponting, *A Green History of the World*, New York: Penguin Books, 1991）

マルクス，カール（1982）『資本論（1）（第 1 巻第 1 分冊）』（資本論翻訳委員会訳）新日本出版社．（Karl Marx, *Das Kapital*, Volume I, Hamburg, 1867）

マルクス，カール（1983a）『資本論（2）（第 1 巻第 2 分冊）』（資本論翻訳委員会訳）新日本出版社．（Karl Marx, *Das Kapital*, Volume I, Hamburg, 1867）

マルクス，カール（1983b）『資本論（3）（第 1 巻第 3 分冊）』（資本論翻訳委員会訳）新日本出版社．（Karl Marx, *Das Kapital*, Volume I, Hamburg, 1867）

マルクス，カール（1983c）『資本論（4）（第 1 巻第 4 分冊）』（資本論翻訳委員会訳）新日本出版社．（Karl Marx, *Das Kapital*, Volume I, Hamburg, 1867）

マルクス，カール（1984）『資本論（5）（第 2 巻第 1 分冊）』（資本論翻訳委員会訳）新日本出版社．（Karl Marx, *Das Kapital*, Volume II, Hamburg, 1885）

マルクス，カール（1987）『資本論（10）（第 3 巻第 3 分冊）』（資本論翻訳

委員会訳）新日本出版社．（Karl Marx, *Das Kapital*, Volume III, Hamburg, 1894）

マルクス゠エンゲルス（1954）『ゴータ綱領批判・エルフルト綱領批判』（マルクス゠エンゲルス選集刊行委員会訳）大月書店（国民文庫）．

マルサス，ロバート（1968）『経済学原理（上）』（小林時三郎訳）岩波文庫．（Thomas Robert Malthus, *Principles of Political Economy*, London, 1820）

マルサス，ロバート（1973）『人口論』（永井義雄訳）中公文庫．（Thomas Robert Malthus, *An Essay on the Principle of Population*, London, 1798）

ミル，J. S.（1960）『経済学原理（2)』（末永茂喜訳）岩波文庫．（J. S. Mill, *Principles of Political Economy: With Some of Their Applications to Social Philosophy*, 7th edition, 1871［1848]）

ミル，J. S.（1961）『経済学原理（4)』（末永茂喜訳）岩波文庫．（J. S. Mill, *Principles of Political Economy: With Some of Their Applications to Social Philosophy*, 7th edition, 1871［1848]）

室田武（1979）『エネルギーとエントロピーの経済学 ── 石油文明からの飛躍』東経選書．

室田武（2001）『物質循環のエコロジー』晃洋書房．

室田武（2004）『地域・並行通貨の経済学 ── 一国一通貨制を超えて』東洋経済新報社．

メンガー，カール（1982）『一般理論経済学（1)』（八木紀一郎・中村友太郎・中島芳郎訳）みすず書房．（Carl Menger, *Grundsätze der Volkswirtschaftslehre*, 2 Aufl., Wien: Hölder-Pichler-Tempsky; Leipzig: Freytag, 1923）

メンガー，カール（1999）『国民経済学原理』（安井琢磨・八木紀一郎訳）日本経済評論社．（Carl Menger, *Grundsätze der Volkswirtschaftslehre: erster allgemeiner Theil*, Wien: Wilhelm Braumüller, 1871）

安田喜憲（2013）『稲作漁撈文明 ── 長江文明から弥生文化へ〈普及版〉』雄山閣．

安田喜憲（2016）『環境文明論 ── 新たな世界史像』論創社．

山本哲士（2009）『イバン・イリイチ ── 文明を超える「希望」の思想』文化科学高等研究院出版局．

ラトゥーシュ，セルジュ（2010）『経済成長なき社会発展は可能か？——〈脱成長〉と〈ポスト開発〉の経済学』（中野佳裕訳）作品社．（Serge Latouche, *Survivre au développement: de la décolonisation de l'imaginare êconomique à la construction d'une société alternative*, Paris: Mille et une nuits, 2004　と　Serge Latouche, *Petit traité de la décroissance sereine*, Paris: Mille et une nuits, 2007 をまとめたもの）

ラトゥーシュ，セルジュ（2011）「〈脱成長〉への道」勝俣誠，マルク・アンベール編著『脱成長の道——分かち合いの社会を創る』コモンズ．

ラトゥーシュ，セルジュ，ディディエ・アルパジェス（2014）『脱成長（ダウンシフト）のとき——人間らしい時間をとりもどすために』（佐藤直樹，佐藤薫訳）未來社．（Serge Latouche et Didier Harpagès, *Le temps de la décroissance*, édition revue, Lormont: Le Bord de l'eau, 2012［2010］）

リカードウ，デヴィッド（1987）『経済学および課税の原理（上.)』（羽鳥卓也・吉澤芳樹訳）岩波文庫．（David Ricardo, *On the Principles of Political Economy, and Taxation*, 2nd edition, London: John Murray, 1819［1817］）

ロビンズ，ライオネル（2016）『経済学の本質と意義』（小峯敦・大槻忠史訳）京都大学学術出版会．（Lionel Robbins, *An Essay on the Nature and Significance of Economic Science*, London: MacMillan, 1932）

あとがき

　本書で論じ残したことは多々あります．たとえば，SDGsをどう評価するのかという問題です．日本語では「持続可能な開発目標」と訳されますが，外務省の作成したパンフレット「持続可能な開発目標（SDGs）と日本の取組」によりますと，目標8［経済成長と雇用］のところには次のように書かれています．「包括的かつ持続可能な経済成長及びすべての人々の完全かつ生産的な雇用と働きがいのある人間らしい雇用（ディーセント・ワーク）を促進する」と．国連のホームページの該当箇所を見ると，この目標8が必要とされる理由について，「持続した（sustained）包括的な経済成長（economic growth）は，進歩を推進し，すべての人のために世間並みの仕事（decent job）を生み出し，生活水準を向上させることを可能にする」ためと説明されています．しかし，持続的成長は本書第9章で論じたように資本の拡大再生産を意味しますから，SDGsは資本の論理に包摂されているのではないか，という疑問が残ります．

　また，10年ほど前に話題となった「里山資本主義」の評価問題があります．「里山資本主義」で紹介された事例は，ほとんど地域主義の実践例と言っていいように思います．しかしなぜ資本主義なのか，という疑問が残ります．「里山資本主義」の提唱者の方々は，資本という概念を根本的に問い直すことを意図していたと思いますが，里山を擬制資本化する資本の論理に加担することにはならないのでしょうか．

　ほかにも，E・F・シュマッハーの「スモール・イズ・ビューテ

ィフル」や，「人間の安全保障」に関する経済学の取り組み（例え
ばアマルティア・セン）を取り上げることができませんでした．また，
カール・ポランニーの経済人類学やイヴァン・イリイチの思想にも
十分言及ができませんでした．これらに関しては，また他の機会に
取組んでみたいと思います．

謝　　辞

　本書が完成するまでには，実に多くの方々の支援と協力がありました．最初に，命の恩人である妻，栗原武美子に感謝の言葉を述べたいと思います．2015 年正月休み明けの講義を終えて，自宅に戻った私は脳出血で倒れました．まもなく勤務先から帰宅した妻は倒れている私を発見して，すぐ救急車を呼びました．救急病院で私はICU に入り治療を受け一命をとりとめました．その後，妻は私のために最良の条件が整ったリハビリ病院を探してくれ，私はそこで半年間リハビリに取り組みました．この間，妻は私の入院手続きや大学の休職手続きなど様々な事務仕事を私に代わってこなし，仕事があるにもかかわらず，毎日のように見舞いに来て看病してくれました．また，妻は脳溢血の後遺症の新しい治療法を開発中の大学病院への入院手続きも進んで行ってくれました．妻の献身的努力がなかったら，本書の執筆は不可能だったでしょう．武美子さん，どうもありがとう．本書を貴女に捧げます．そして，救急病院やリハビリ病院，大学病院のスタッフの皆様，その後，介護保険でお世話になっているケアマネの皆様，デイサービスやショートステイの施設のスタッフの皆様にも御礼申し上げます．

　ところで，本書執筆の直接のきっかけは，私の大学院時代の先輩であり友人である渋谷博史さんから，「マルクスとポランニーという本をまとめてみないか」と勧められたことです．渋谷さんはしばしば私の病室に見舞いに来てくれ，また，退院後も喫茶店やレストランで私の執筆計画に様々なアドバイスを下さり，私のために２度

も研究発表会を開いてくださいました．渋谷さんとの交流をとおして，私は次第に次のように考えるようになりました．マルクスとポランニーは，玉野井先生の「広義の経済学」を理論的実証的に支える主柱であり，1970 年代に提唱された「広義の経済学」の今日的意義を明らかにするためには，いま改めてマルクスとポランニーのエッセンスを整理して示す必要があるのではないか，と．「はしがき」にも書いたように，本書のベースは駒場での講義ノートですが，渋谷さんによる方向付けがなかったなら，本書は単なる経済学の落穂のコレクションに終わっていたでしょう．本書をまとめるにあたって力強い追い風を送ってくださった渋谷さんに，心より感謝いたします．

　2016 年に私が復職してから 2020 年に退職するまで 4 年の間，私は同僚の皆様や教え子の院生諸君に助けられて，教壇に立つことができました．とりわけ，室井遥君には教壇の設定や資料作成や配布などで世話になりました．みんな，どうもありがとう．それから，私の講義を聴いてくれた学生諸君にも感謝します．最初はろれつが十分に回らなくて原稿の棒読みになってしまいましたが，皆さんは我慢強く講義についてきてくれ，しばしば核心を突く質問を投げかけ，期末試験でも私以上に私の言いたかったことを的確に総括してくれた人がいました．皆さんのおかげで，私は授業を楽しむことができ，私の考えは次第に明確になりました．ありがとう．

　また，2020 年度に東京大学教養学部後期課程で非常勤講師として担当した「環境社会科学＝環境文明論」では，オンラインで学生の皆さんと玉野井先生の主要論文を輪読しました．その際に，玉野井先生の令嬢岡部佳世様にゲスト参加していただき，玉野井先生が論文に込めた思いを直接お話しいただきました．佳世様に感謝いたします．

　最後に，本書の企画段階から辛抱強く原稿の完成を待ってくださった編集部の大矢宗樹様に，心より御礼申し上げます．

　2022 年 7 月 31 日

丸 山 真 人

人名索引

事項索引

著者略歴

1954 年三重県生まれ．東京大学経済学部卒業．東京大学大学院
経済学研究科第二種博士課程退学．カナダ・ヨーク大学大学院社
会政治思想研究科博士課程退学．明治学院大学国際学部助教授，
東京大学大学院総合文化研究科国際社会科学専攻・教養学部教授
を経て，現在東京大学名誉教授．

主要著作

「エコロジー経済学と生命系の経済学」『経済学論叢』同志社大学
経済学会，第 65 巻第 3 号，2014 年．「経済人類学と地域通貨」
西部忠編著『地域通貨』ミネルヴァ書房，2013 年．「生命系と地
域主義に立脚した経済の実現に向けて」勝俣誠，マルク・アンペ
ール編著『脱成長の道──分かち合いの社会を創る』コモンズ社，
2011 年．「資本に転化しない「貨幣」──地域通貨」丸山真人・
内田隆三編『〈資本〉から人間の経済へ』新世社，2004 年．

人間の経済と資本の論理

2022 年 9 月 16 日　初　版

［検印廃止］

著　者　丸山真人
　　　　まるやままこと

発行所　一般財団法人 東京大学出版会

代表者　吉見俊哉

153-0041　東京都目黒区駒場 4-5-29
http://www.utp.or.jp/
電話 03-6407-1069　Fax 03-6407-1991
振替 00160-6-59964

印刷所　大日本法令印刷株式会社
製本所　大日本法令印刷株式会社

ここに表示された価格は本体価格です. ご購入の
際には消費税が加算されますのでご了承ください.